ESPIRITUALIDADE KEMÉTICA

Os segredos ocultos da evolução espiritual, os princípios esquecidos de uma existência elevada e a antiga sabedoria da unidade divina

ASCENDING VIBRATIONS

© **Copyright 2021 - Ascending Vibrations – Todos os direitos reservados.**

O conteúdo deste livro não pode ser reproduzido, duplicado ou transmitido sem autorização escrita direta do autor ou do editor.

Em nenhuma circunstância poderá ser imputada ao editor ou ao autor qualquer culpa ou responsabilidade legal por quaisquer danos, reparações ou perdas monetárias devidas à informação contida neste livro, quer direta quer indiretamente.

Aviso legal:

Este livro está protegido por direitos de autor. Destina-se apenas a uso pessoal. Não é permitido alterar, distribuir, vender, utilizar, citar ou parafrasear qualquer parte ou o conteúdo deste livro sem o consentimento do autor ou do editor.

Aviso de isenção de responsabilidade:

As informações contidas neste documento destinam-se apenas a fins educativos e de entretenimento. Foram envidados todos os esforços para apresentar informações precisas, atualizadas, fiáveis e completas. Não são declaradas ou implícitas quaisquer garantias de qualquer tipo. Os leitores reconhecem que o autor não está envolvido na prestação de aconselhamento jurídico, financeiro, médico ou profissional. O conteúdo deste livro foi obtido a partir de várias fontes. Por favor, consulte um profissional licenciado antes de tentar qualquer técnica descrita neste livro.

Ao ler este documento, o leitor concorda que, em nenhuma circunstância, o autor é responsável por quaisquer perdas, diretas ou indiretas, resultantes da utilização das informações nele contidas, incluindo, mas não se limitando a, erros, omissões ou imprecisões.

REIVINDIQUE OS SEUS BÔNUS ABAIXO (EM INGLÊS)

Para o ajudar na sua jornada espiritual, criámos alguns bónus gratuitos para o ajudar a limpar a bagagem energética que já não lhe serve e a manifestar uma vida que lhe convém melhor. Os bónus incluem um curso de vídeo complementar com mais de 4,5

horas de conteúdo fortalecedor, vídeos que estimulam a energia, meditações guiadas poderosas, revistas e muito mais. (Em inglês)

Você pode obter acesso imediato através do link abaixo ou digitalizando o código QR com o seu celular.

https://bonus.ascendingvibrations.net

Bônus Grátis #1: O Curso de Sintonização dos Chakras em 3 Passos

Quer conhecer uma maneira única de atingir os chakras? Eleve a Sua Existência ao Visar o Subconsciente, o Físico, e o Espiritual

- Descubra um método único de 3 passos para direcionar os chakras que muitas pessoas não estão aproveitando!
- Hackeie o seu cérebro, eleve o corpo, a mente e o espírito e liberte os bloqueios que o impedem de alcançar a grandeza
- Desperte uma energia espantosa para criar uma realidade que se encaixe na sua vida
- Pare de perder tempo precioso com métodos ineficazes

Bônus Grátis #2: O Kit de Ferramentas da Fórmula Secreta do Manifesto

Está farto de se acomodar na vida, de desperdiçar tempo precioso, e está pronto para atrair o seu potencial mais elevado para si?

Bônus Grátis #3: O Kit de Ferramentas de Limpeza Espiritual

Está pronto para largar toda a energia negativa que já não lhe serve?

- Liberte bloqueios energéticos que possam estar a causar desequilíbrios
- Desperte uma energia incrível para turbinar a sua aura
- Crie um ambiente energético maravilhosamente limpo

Bônus grátis #4: Uma poderosa meditação guiada de cura energética de 10 minutos

Todos estes fantásticos bônus são 100% gratuitos. Não precisa informar nenhum dado, exceto o seu endereço de e-mail.

Para obter acesso imediato aos seus bônus, vá para

https://bonus.ascendingvibrations.net

NOTA PARA O LEITOR

As informações contidas neste livro foram escritas estritamente para fins educacionais e de informação geral apenas. Não se destinam a servir como orientação médica, a ser qualquer forma de tratamento médico, a diagnosticar qualquer condição médica ou a substituir a orientação de um médico ou profissional de saúde. Consulte seu profissional de saúde antes de iniciar qualquer novo programa de saúde. Qualquer uso das informações contidas neste livro é de responsabilidade exclusiva do leitor.

CONTENU

Introdução   xvii

1. COMO COMEÇAR A PRATICAR A
   ESPIRITUALIDADE KEMÉTICA E O QUE VOCÊ
   DEVE ENTENDER PARA UM CRESCIMENTO
   ESPIRITUAL ACELERADO   1
   Alcançando O Equilíbrio   2
   As 42 leis do Ma'at   4
   Filhos de Heru   11
   Construindo Um Corpo Saudável   13
   Força Física E Equilíbrio   13
   Uma Mente Saudável   14
   Os Sete Princípios Herméticos   16
   Tornando-Se Divino   16

2. A ÁRVORE DA VIDA E COMO USÁ-LA PARA
   ALCANÇAR UMA CONSCIÊNCIA MAIS
   ELEVADA   21
   Planos De Existência   23

3. CIÊNCIA HERMÉTICA FACILITADA PARA
   OBTER VITALIDADE E ABUNDÂNCIA SEM
   ESFORÇO   45
   O Princípio Do Mentalismo   46
   O Princípio Da Correspondência   50
   O Princípio Da Vibração   52
   O Princípio Da Polaridade   54
   O Princípio Do Ritmo   55
   O Princípio Da Causalidade   57
   O Princípio De Gênero   59

4. ASTROLOGIA KEMÉTICA E UMA COMPREENSÃO MAIS PROFUNDA DOS TIPOS DE PERSONALIDADE QUE HABITAM ESTE MUNDO 65
Encontrando seu signo 67
Tipos de personalidade astrológica 69
Correspondência entre nomes de constelações 70
Planetas benevolentes e seus tipos de personalidade 71

5. A DIETA KEMÉTICA E COMO ELA PODE IMPULSIONAR SUA CONEXÃO ESPIRITUAL 77
Alimentos no antigo Kemet 80
Guia dietético para os keméticos modernos 83
Jejum 89

6. GUIAS ESPIRITUAIS KEMÉTICOS, SEGREDOS DOS CHAKRAS E INVOCAÇÃO DA FORÇA E DA SABEDORIA 93
Ancestrais 93
Montagem de um altar 94
Deuses e deusas como guias espirituais 95
Chakras 98
Auras 99
Banhos Espirituais 100

7. SEGREDOS ESQUECIDOS DA CURA ENERGÉTICA EGÍPCIA E TÉCNICAS MODERNAS PODEROSAS 103
Cura para Ma'at 105
O sistema de chakras 106
Técnicas de cura energética 111
Orações e afirmações 112
Imposição de mãos 116
Uso de hastes de cura 117
Toque nos pontos dos meridianos de energia 120
Pontos de toque 121
Exercício de toque 124
Técnica de cura energética Sekhem 127

Método	127
Impacto	129
Sekhmet	131
Panteões da saúde	132

8. RITUAIS ESPIRITUAIS KEMÉTICOS DIÁRIOS QUE VOCÊ PODE COMEÇAR AGORA PARA FLORESCER A DIVINDADE

	137
Recitação das leis de Ma'at	138
Estudo	139
Alimentação limpa	142
Meditação	143
Meditação para criar	144
Meditação da alegria	146
Meditação para Ma'at	147
Meditação para renovação e conforto	148
Oração Kemética	149
Orações específicas	155
Rituais keméticos da manhã, do meio-dia e da noite	162
Dando vida ao dia	162
Recarga ao meio-dia	164
Ritual noturno	165

9. *BÔNUS* KEMETIC YOGA PARA ENERGIZAR SUA PRÁTICA MODERNA

	169
Shti - A Múmia	171
O Lótus	173
Nefertem no lótus	175
Nun	176
Aquecimento	178
Shu	180
Jornada de Ra	182
Apoio de ombro	189
Arado	190
Roda	191
Peixes	192
Flexão para frente	194

Torção da coluna vertebral	196
Selket	198
Sebek	199
Arat	200
Horemakhet - A Esfinge	202
Heru-Hórus	203
Série Henu	204
Nut	205
Ma'at	206
Aset alada - A pose da vitória	208
Aset Sentada - Pose do Trono	209
Abraço de Auset	210
Djed	211
Apoio de cabeça	212
Besouro Escaravelho Khepri	214
Posfácio	217
Glossário	221
Referências	232
Seu Feedback é Valioso!	240

INTRODUÇÃO

A ESPIRITUALIDADE KEMÉTICA PODE ELETRIFICAR SUA PRÁTICA ESPIRITUAL HOJE

A natureza ou Ntr é a força divina suprema. É isso que a espiritualidade kemética, um estilo de vida que emana do antigo Egito, também conhecido como Kemet, nos diz. Ela fornece um conjunto de diretrizes e práticas para viver, baseadas nas antigas formas de vida. As pessoas estão se voltando cada vez mais para esse estilo de vida como forma de manter um estilo de vida equilibrado em meio ao caos da vida moderna. Esse modo de vida kemético que está sendo descoberto por um número cada vez maior de pessoas nos incentiva a viver em alinhamento com a natureza. Isso é feito por meio da autoconsciência. Praticar essa autoconsciência envolve muitas técnicas, como meditação e ioga. Também requer uma compreensão do impacto que sua dieta tem sobre seu corpo. Esse conhecimento lhe dá a orientação para fazer melhores escolhas alimentares para o crescimento espiritual. O resultado de longo prazo dessas escolhas aprimoradas é uma vida mais longa e um corpo livre de doenças. Se você incorporou a

INTRODUÇÃO

ioga e a meditação em seu estilo de vida, essa vida mais longa pode ser agradável.

É possível ter um estilo de vida longo e agradável quando guiado pela espiritualidade kemética, pois ela o incentiva a receber orientação das forças divinas da natureza. Essa orientação está incorporada no Metu Neter, os escritos encontrados nas paredes dos templos e papiros que contêm ensinamentos da natureza. O Metu Neter também é conhecido como a palavra dos deuses. Seus ensinamentos explicam a relação entre a humanidade e o divino. Eles definem a espiritualidade humana em relação ao nosso alinhamento com os princípios dos deuses e deusas - o Neter.

Esses deuses e deusas personificam os princípios físicos e espirituais da criação. A relação entre esses princípios da criação encontra sua plena expressão na árvore da vida kemética.

As palavras do Metu Neter que estão registradas nas paredes dos templos e papiros são o mais antigo sistema espiritual registrado conhecido pelo homem. Ao estudar essas palavras, aprendemos sobre a conexão entre a humanidade e os deuses e deusas do antigo Egito, também conhecido como Kemet. Quando as aplicamos em nossa vida, aprendemos a viver de forma a destacar o espírito divino dentro de nós.

A exploração espiritual moderna, com a descoberta de conceitos como a ciência atômica e o conhecimento das leis herméticas, passou a abranger conceitos como o de vibração. Esses são conceitos que eram bem conhecidos e colocados em prática por aqueles que viveram durante a época da Kemética e nos quais a espiritualidade Kemética se baseia. Com o conhecimento do equilíbrio espiritual e a elevação contínua de sua vibração mental, os habitantes do antigo Kemet estabeleceram uma sociedade próspera e bem-educada. Seu alto nível de conhecimento fez com que realizassem grandes feitos científicos e arquitetônicos que ainda hoje podemos admirar. Seguindo os passos deles e imitando seu modo de vida, você poderá viver em um nível em que sua mente, corpo e alma estejam alinhados com o divino. Isso permitirá que você desfrute de uma vida produtiva e positiva sem as distrações que emanam de uma existência de baixa vibração. Em vez disso, a espiritualidade kemética nos incentiva a viver diariamente em alinhamento vibracional positivo.

A espiritualidade kemética nos incentiva a estar constantemente conscientes de que há uma interconexão entre a humanidade e o divino. Que o mundo ao nosso redor é uma extensão de quem somos. Ela nos ensina que há divindade nas formas mais básicas da existência humana. No entanto, como a divindade existe em diferentes planos de existência, podemos escolher nos alinhar com a divindade em diferentes níveis. Quanto mais altos forem os níveis ou planos de existência com os quais nos alinhamos, mais próximos estaremos de Deus. Essa busca pela personificação da divindade, de querer ser como os deuses e deusas, é conhecida como teurgia.

A prática da teurgia exige o conhecimento da história da criação kemética. Essa história explica como a criação passou a existir e como, a cada etapa do processo de criação, um princípio ou força diferente da natureza passou a existir. Cada força existia para cumprir o propósito que era necessário naquele momento. Os princípios que foram assim empregados no processo de criação se tornaram os deuses e deusas que hoje vemos como evidência nas paredes dos templos e nos rolos de papiros. Portanto, no cerne da espiritualidade kemética está a compre-

INTRODUÇÃO

ensão dos deuses e deusas, dos princípios que eles incorporam, de seu comportamento e até mesmo das poses em que eles se posicionam ou se sentam nos vários lugares em que são retratados. O conhecimento de tudo isso lhe dará o conhecimento e a percepção de que você precisa para implementar os princípios que esses deuses e deusas simbolizam.

A HISTÓRIA DA CRIAÇÃO

A história da criação começa com Rá. Ele é o deus do sol e a fonte de vida e sustento de todos os seres vivos. Na história da criação, vemos Rá emergindo das águas primitivas de Nun. Antes de Ra emergir, as águas de Nun eram a única coisa que existia na Terra. Essas águas caóticas cobrem tudo o que está à vista. Ao criar o mundo, Rá começa com o plano causal que inclui as estruturas que governam o mundo. Essas estruturas são as leis da ciência que mantêm o equilíbrio e a ordem e, portanto, proporcionam um ambiente que permite a existência de todas as coisas. Esse equilíbrio e essa ordem são representados pela deusa Ma'at, que permite a existência de harmonia no mundo.

Depois das leis espirituais, Ra criou a atmosfera. É ela que permite a existência de todas as criaturas vivas. A atmosfera consiste em ar seco misturado com água. O ar seco é o que respiramos. Ele também é o etéreo e é representado pelo deus Shu. Shu é o deus do ar, aquele que separa a terra e o céu. No ar seco de Shu está contida a precipitação que forma a chuva, a neve e o granizo. Isso é representado pela deusa Tefnut, a deusa da umidade. Assim, a terra estava repleta de uma substância gasosa ou névoa.

Shu e Tefnut se uniram e formaram o céu e a terra, que eles

mantiveram separados um do outro, ficando entre eles. Os céus celestiais que contêm as estrelas são representados pela deusa Nut, que se estende com seus membros tocando os dois lados da Terra. Nut, a deusa do céu, é frequentemente retratada com as estrelas da Via Láctea pintadas em seu corpo para demonstrar sua natureza celestial. Nut engole o deus do sol - também conhecido como Ra- todas as noites e dá à luz a ele pela manhã. Isso nos dá o nascer e o pôr do sol. Quando Ra, o deus do sol, está em um estado de nascer, ele é chamado de Ra-Khepri. Seu estado ao pôr do sol é chamado de Ra-Atum. A terra é representada pelo deus Geb e ele é o solo que se estende abaixo da abrangente Noz.

Depois que a Terra foi formada, os seres humanos foram criados. Em nossa complexidade como seres humanos, temos diferentes aspectos que constituem quem somos. Um desses aspectos é o ego, que temperamos por meio da aplicação da sabedoria e da intuição. O ego na humanidade é representado pelo deus Set, e a sabedoria e a intuição são representadas pelo deus Aset. Esses aspectos da personalidade humana são possíveis porque a humanidade é uma alma eterna. A alma eterna é representada pelo deus Asar. Na mitologia grega, Asar é conhecido como Osíris, o deus cujo irmão Seth corta em 14 pedaços por ciúmes.

Esses são os elementos que Rá criou, juntamente com as duas deusas da criação na forma dos princípios Nebethetepet e Iusaaset. Essas deusas, respectivamente, são cocriadoras com Rá e avó dos deuses. Juntas, as três formam um triângulo divino que cria a árvore da vida.

Quando a história da criação kemética é contada, ela não usa os nomes de princípios e elementos como "equilíbrio" e "ordem" ou "ar" e "água". Em vez disso, ela é personalizada, e esses elementos e princípios recebem nomes de deuses e deusas. Para

INTRODUÇÃO

se alinhar a esse método de contar histórias, volte sua mente para a aula de teatro do jardim de infância. Imagine um concerto de fim de ano em que cada criança recebe um papel exclusivo para desempenhar. Por menor que seja, esse papel exige um traje especial que é criado para ser exibido. A peça é uma oportunidade para a atuação da criança e a exibição de seu traje para seus pais orgulhosos. Às vezes, esse papel é tão simples quanto "uma árvore soprando ao vento". No entanto, isso dá à criança um senso de participação à medida que ela abraça totalmente o papel ou o elemento que lhe foi confiado. Ao praticar a teurgia, você se comporta da mesma forma que essas crianças na peça da escola. Você se torna totalmente o princípio cujas propriedades decidiu adotar. Isso significa compreender o deus ou a deusa que é personificado por esse princípio. Ao fazer isso, procure descobrir sua história e os desafios pelos quais passou. Descubra o papel que eles desempenharam na história da criação e o elemento que eles personificam. Ao entender isso, você estará mais bem equipado para enfrentar os desafios em sua vida. Você pode se alinhar com o princípio que melhor o capacita a superar os desafios que está enfrentando. O princípio que já superou seus desafios antes, pode ser invocado para ajudá-lo a superar seus desafios atuais. Você pode imitar a sua atitude e comportamento. Assim, você pratica a teurgia ao se tornar o princípio que superou os desafios e transcendeu para o próximo plano de existência.

Então, se você é aquela árvore que sopra ao vento, que som você faz? Em que ações você se envolve? Qual é a experiência de qualquer pessoa que interage com você? Se expandirmos um pouco mais essa analogia para elementos como ar, água e calor, entraremos no mundo do antigo Kemet e dos deuses e deusas que compõem a história da criação.

INTRODUÇÃO

Pois nessa história da criação, temos elementos que apareceram na mesma ordem em que suas virtudes eram necessárias. Esses elementos, que assumem os nomes de deuses e deusas, são os seguintes:

- Djehuti (O deus da lua)
- Ma'at (A deusa do equilíbrio e da harmonia)
- Het-Heru (Hathor, a bela deusa das festividades)
- Shu (O deus do ar)
- Tefnut (Deusa da umidade e da precipitação)
- Nut (Deusa do céu noturno)
- Geb (Deus da terra)
- Asar (Deus da vegetação)
- Set (Deus do caos, da confusão, da destruição, das tempestades, das terras estrangeiras, dos eclipses, dos terremotos e da violência)
- Aset (Deusa da sabedoria e da intuição)
- Nebthet (Deusa do ar)
- Heru Ur (Deus da guerra e do céu)
- Nbt hotep (Nebethetepet, ou Nbt hotep, representa o repouso. Juntamente com o movimento, que é representado por Iusaaset, eles criam o tempo e o espaço. Assim, esses dois se juntam a Ra para formar um triângulo que é a base do tempo e do espaço. Essa base permite que Rá crie o mundo)
- Iusaaset (avó dos deuses e deusas)

Também precisamos entender a história da criação, pois ela fornece um caminho a ser seguido quando estamos buscando a iluminação. A compreensão do processo de criação o deixará

INTRODUÇÃO

ciente dos princípios que estavam ativos na época e que você deve empregar se quiser elevar sua vibração a um nível energético que o aproxime do alinhamento com o divino.

Embora o significado da palavra Kemet signifique "terra dos negros" ou "a terra negra", devemos entender que, antes de esse nome ser usado, a espiritualidade praticada nessa terra existia há mais de 3.000 anos. Quando comparamos isso com o fato de que a primeira migração da humanidade da África para a Ásia e depois para o resto do mundo ocorreu entre 80.000 e 15.000 anos atrás e continuou desde então, percebemos por que os traços da espiritualidade kemética são evidentes nas práticas religiosas das pessoas em todos os lugares. Os estudiosos costumavam viajar por todo o mundo para aprender a sabedoria e a espiritualidade do antigo Egito antes de voltar para seus próprios países e adaptá-las às suas culturas locais. Traços dessa antiga sabedoria e espiritualidade podem ser encontrados entrelaçados com crenças locais em todo o mundo. Portanto, ao abraçar a espiritualidade kemética, você está abraçando crenças que a humanidade tem mantido por milhares de anos e que ainda são praticadas por sua relevância para nossas vidas hoje. As descobertas feitas pela ciência moderna, como o conhecimento de átomos e hologramas, resultaram em uma visão mais esclarecida sobre a mente humana e suas capacidades. Livros como *Quantum Warrior (Guerreiro Quântico)*, de John Kehoe, entram em detalhes sobre a conexão entre átomos, vibração e a mente humana. Ele argumenta que, por meio do uso de afirmações, você pode se alinhar com o campo quântico usando o poder da vibração. Ao fazer isso, manifestamos a vida que queremos viver (Kehoe, 2011). Ao percorrer as páginas deste livro, você perceberá que esses são apenas alguns dos conceitos incorporados nas práticas do antigo Kemet.

INTRODUÇÃO

A caminhada espiritual kemética é mais do que uma religião; é um modo de vida. Em vez de se concentrar em um único aspecto, como a oração, a meditação ou a dieta, como meio de se alinhar com o divino, a espiritualidade kemética envolve todos esses aspectos. Na verdade, ela abrange todos os aspectos da sua vida e informa a maneira como você conduz suas atividades diárias, desde o momento em que acorda até a hora em que se recolhe para dormir.

Por esse motivo, é bom entender que há uma interconexão entre cada capítulo deste livro. Os capítulos podem ser apresentados individualmente, o que lhe dá a possibilidade de revisar conceitos individuais isoladamente. No entanto, é útil entender que cada capítulo e cada disciplina estão interligados. A divindade percorre toda a nossa vida e seus processos da mesma forma que todos os princípios e forças empregados na criação do mundo vieram de uma única força divina. Você não pode se separar da divindade, e viver propositadamente em alinhamento com a divindade é obter sucesso em várias áreas de sua vida.

I

COMO COMEÇAR A PRATICAR A ESPIRITUALIDADE KEMÉTICA E O QUE VOCÊ DEVE ENTENDER PARA UM CRESCIMENTO ESPIRITUAL ACELERADO

Para começar a praticar a espiritualidade kemética, você deve entender que o mundo foi criado a partir de Nun. Nun é o nada que existia antes do espírito, na forma de Rá, que se ergueu dele e gradualmente formou o mundo. A própria criação ocorreu de tal forma que estados mais elevados de consciência foram criados antes da existência de estados inferiores de vibração. A cada forma de consciência criada, uma forma inferior de consciência nascia a partir dela. Isso ocorreu até que os elementos físicos se manifestaram na forma da Terra e de tudo o que existe nela.

A humanidade, uma forma sólida, está ligada aos efeitos do ego e, portanto, existe em um estado de baixa vibração. A prática espiritual tem como objetivo elevar a humanidade da consciência vibratória inferior para uma posição em que se vive diariamente em alinhamento com Deus, capaz de chamar as criações à existência da mesma forma que Deus fez durante o processo de criação.

O alinhamento com Deus é alcançado por meio da manutenção de um estado de equilíbrio. Esse estado de equilíbrio é extremamente importante na prática da espiritualidade kemética. A deusa Ma'at, que incorpora esse equilíbrio, influencia a vida cotidiana dos keméticos até o estado de morte e além dele. O alinhamento com Deus também pode ser obtido por meio de práticas diárias que o mantenham atento ao que alimenta seu corpo, mente e espírito. Cada atividade que você realiza na alimentação dessas áreas da sua vida deve trabalhar para aproximá-lo do seu próprio estado de divindade.

ALCANÇANDO O EQUILÍBRIO

A espiritualidade kemética baseia-se no equilíbrio da lei e da ordem espirituais na vida daqueles que a praticam. Quando o equilíbrio for perdido em sua própria vida, você terá dificuldade em se alinhar com a fonte. A fonte divina traz ordem, enquanto um estado de desordem é aquele em que o potencial ainda precisa ser realizado, como as águas de Nun antes do início da criação.

Para alcançar um estado de equilíbrio, devemos estar cientes das atividades e dos ensinamentos da deusa Ma'at. Para garantir que o equilíbrio fosse mantido, os iniciados estudavam as 42 leis de Ma'at, a deusa que incorpora as leis do equilíbrio e da harmonia. Ma'at é quem pesa o coração ou o espírito de cada iniciado quando ele passa pelos corredores do julgamento após a morte. Isso é feito para determinar se eles são dignos de passar para a vida após a morte.

ESPIRITUALIDADE KEMÉTICA

Os kemetetianos acreditavam que, quando uma pessoa morria, seu coração era pesado por Ma'at com a pena da verdade. Ela é retratada com essa pena de avestruz em todas as suas ilustrações. A pena era o que ela usava para pesar o coração de uma pessoa após a morte para determinar se ela poderia embarcar em sua jornada para a vida após a morte. Aqueles que não passavam no teste terminavam sua jornada no Salão do Julgamento, onde eram consumidos por Ammu - um cruzamento entre um crocodilo, um hipopótamo e um leão. Esse consumo seria a morte final para essa alma, que não experimentaria a vida após a morte nem uma vida reencarnada na Terra.

Para garantir que a jornada não fosse interrompida prematuramente, os kemetetianos se engajavam em um ritual que colocava as 42 leis de Ma'at no centro de suas atividades diárias. Portanto, esse também seria um bom lugar para você começar sua prática.

Como praticante da espiritualidade kemética, você pode usar as 42 leis de Ma'at para orientar suas atividades diárias. Isso pode ser feito começando o dia com uma oração em uma forma que reconheça e incorpore as leis de Ma'at. É benéfico fazer isso pela manhã, entre 4h e 6h, antes de continuar com as atividades do dia. É melhor recitar essas leis novamente no final do dia para ajudá-lo a refletir se você foi capaz de seguir adequadamente suas intenções para o dia.

As Leis de Ma'at estão listadas abaixo, juntamente com algumas palavras que indicam como cada lei pode ser interpretada e aplicada em sua vida.

AS 42 LEIS DO MA'AT

1. Não cometi pecado.
Refere-se à ausência de atos ilícitos. Ela honra a virtude em todas as ações.

2. Não cometi roubo com violência.
Essa lei destaca duas ações negativas. A primeira ação é o roubo, que priva outra pessoa do que lhe pertence por direito. A segunda ação é a natureza violenta com que isso é feito. O ato violento perturba a paz interior de uma pessoa, além da perturbação causada pela perda de seus pertences. Portanto, você afetará a capacidade de outra pessoa de viver em paz e harmonia se violar essa lei.

3. Eu não roubei.
A lei está intimamente relacionada à anterior, pois quando você rouba, você priva outra pessoa de seus pertences pessoais. Além disso, você causa distúrbios mentais, afetando sua capacidade de viver em Ma'at.

4. Não matei homens ou mulheres.
Assassinato é errado, independentemente da situação.

5. Eu não roubei comida.
Quando você rouba alimentos, você priva outra pessoa da capacidade de nutrir seu corpo.

6. Não enganei as ofertas.
Quando fizer uma oferenda aos deuses e deusas, seja honesto sobre o que está oferecendo. Não finja ter oferecido mais do que ofereceu. Não retire o que foi destinado à oferenda e use-o para si mesmo, pois assim você estaria roubando as divindades. Elas saberão o que você fez e você poderá ser privado da bênção que

lhe foi destinada ou até mesmo sofrer um destino pior, como a morte eterna no outro mundo.

7. Eu não roubei de Deus/Deusa.

Isso se refere a pegar o que foi oferecido aos deuses e deusas. Isso pode ter sido oferecido por outras pessoas ou, como na lei anterior, pode ser uma oferta que você deveria ter feito.

8. Não contei mentiras.

Quando você conta mentiras, está vivendo contra os princípios do Ma'at. A verdade é um aspecto importante da vida em equilíbrio e harmonia; portanto, devemos nos esforçar para sermos honestos em tudo o que dizemos.

9. Eu não levei comida embora.

Uma situação em que os alimentos podem ser levados pode ocorrer em um bufê. Algumas pessoas se sentem justificadas em levar alguns alimentos do bufê para casa. Isso pode ser para consumir mais tarde ou compartilhar com as pessoas que não compareceram ao evento. Quando isso é feito, pode resultar na falta de comida suficiente para os convidados que estão presentes no evento. Portanto, é um ato de falta de consideração e esse egoísmo deve ser evitado.

10. Eu não amaldiçoei.

Amaldiçoar vai além de proferir palavrões, como conhecemos hoje. Amaldiçoar alguém é desejar-lhe mal. É o oposto de abençoar. É o oposto de abençoar a pessoa. É melhor abençoar alguém do que amaldiçoar.

11. Não fechei meus ouvidos para a verdade.

Ma'at é a deusa da verdade. Portanto, não basta falar a verdade; você também precisa permitir que os outros falem a verdade deles e sejam ouvidos.

12. Não cometi adultério.

Adultério é o ato de dormir com a esposa ou o marido de outra pessoa. Isso também pode estar relacionado ao ato de trair seu próprio cônjuge. Não se coloque na posição de desfrutar o que não é seu. Talvez você precise mentir sobre suas ações ou se comportar de forma enganosa para esconder o que fez.

13. Não fiz ninguém chorar.

Há muitos motivos pelos quais alguém pode chorar como resultado de suas ações. Pode ser uma tentativa deliberada de prejudicá-la, uma mentira ou uma omissão, ou uma atitude indelicada com ela. Aja de forma ponderada com os outros para evitar que eles se entristeçam com suas ações.

14. Não senti tristeza sem motivo.

Tente viver sua vida com alegria e de acordo com seus ideais mais elevados. Se você se sentir triste, identifique o motivo e lide com ele, para não entrar em um estado depressivo.

15. Não agredi ninguém.

Evite comportamentos violentos, principalmente com outras pessoas. A agressão física e psicológica pode ter um efeito negativo de longo prazo na pessoa que está sendo agredida, pois ela pode sofrer um trauma como resultado.

16. Não sou enganador.

Não permita que seus pensamentos, palavras e ações resultem em comportamento desonesto. Aja com integridade em todos os momentos.

17. Não roubei a terra de ninguém.

A terra era importante no Kemet, pois era a fonte de produção de alimentos e, portanto, um meio para as pessoas sustentarem a si mesmas e suas famílias. Ao aplicar esse pensamento à nossa era moderna, certifique-se de não tirar o sustento de outra pessoa.

ESPIRITUALIDADE KEMÉTICA

18. Não tenho sido um bisbilhoteiro.

Você deve permitir que as pessoas tenham privacidade nas conversas que realizam a portas fechadas ou quando acreditam que estão sozinhas. Se você for ouvir uma conversa, as pessoas que estiverem conversando devem ser informadas de sua presença para que possam decidir se querem ou não compartilhar as informações com você.

19. Não acusei ninguém falsamente.

Quando você souber que alguém não fez nada de errado, não o acuse de ter feito algo errado. Você estará mentindo e arruinando a reputação da pessoa.

20. Não fiquei com raiva sem motivo.

Tente evitar ter um temperamento explosivo, pois isso pode fazer com que você fique com raiva sem motivo. Isso tem um efeito negativo sobre as pessoas ao seu redor e sobre a maneira como elas percebem e interagem com você. Tente viver e se comunicar de maneira calma. Quando você ficar com raiva, é necessário que haja um motivo para isso.

21. Não seduzi a esposa de ninguém.

Isso está de acordo com a 12ª lei. Seduzir a esposa de alguém pode resultar em adultério, e isso deve ser evitado.

22. Eu não me contaminei.

Não participe nem consuma substâncias que sejam prejudiciais ao seu corpo. Tente manter seu corpo puro, ficando longe de substâncias como drogas que possam causar deterioração corporal, especialmente nos órgãos conhecidos como Filhos de Heru, que garantem um corpo saudável.

23. Eu não aterrorizei ninguém.

Não se comporte de maneira que faça com que outra pessoa

7

viva com medo. Permita que cada indivíduo viva em confiança e em paz.

24. Não desobedeci à Lei.

Siga a lei da terra que foi estabelecida pelos juízes e governantes do país em que você vive. Além disso, esforce-se para viver de acordo com as Leis de Ma'at.

25. Não tenho ficado exclusivamente com raiva.

Da mesma forma que você não deve ficar com raiva sem motivo, conforme estabelecido na lei 20, tente não ser consumido pela raiva. Isso fará com que você mantenha continuamente um estado mental de raiva até que ela se torne parte de sua personalidade.

26. Não amaldiçoei Deus/Deusa.

Você deve se esforçar para viver em alinhamento com os deuses e deusas e não os amaldiçoar. Em vez disso, você deve buscar o favor deles. Se achar que um deus ou uma deusa não o está abençoando de acordo com as suas expectativas, busque o motivo pelo qual isso pode estar acontecendo em vez de amaldiçoá-los. Amaldiçoá-los pode resultar em um atraso maior no recebimento de algumas de suas bênçãos e da proteção solicitada.

27. Não me comportei com violência.

Quando você age com violência, não está agindo pacificamente. Você deve se esforçar para manter a paz e o equilíbrio em todos os momentos.

28. Não causei perturbação da paz.

Isso está relacionado à lei acima. Aja pacificamente e permita que outras pessoas ajam pacificamente. Tente não se comportar de maneira a perturbar as emoções das pessoas ou a paz em uma vizinhança. Um exemplo disso poderia ser tocar música alta em uma vizinhança de idosos, causando irritação na maioria dos residentes.

29. Não agi precipitadamente ou sem pensar.

Pense bem sobre suas ações propostas antes de tomá-las. Dessa forma, você garantirá que não se arrependerá de suas ações no futuro.

30. Não ultrapassei meus limites de preocupação.

Tente não ser um intrometido, preocupando-se com os assuntos de outras pessoas. Envolva-se apenas com os assuntos que lhe dizem respeito. Dessa forma, você evitará ser vítima de fofocas e conversas instigadas por mentes ociosas.

31. Não exagerei em minhas palavras ao falar.

Ao transmitir notícias ou uma história sobre o que aconteceu, tente não tentar ganhar mais atenção exagerando os detalhes do que ocorreu. Às vezes, isso pode ser equivalente a mentir e pode até causar danos àqueles a quem a história se refere.

32. Não trabalhei para o mal.

Agir sempre com bondade e integridade. Evite agir com intenções prejudiciais, pois esse é um comportamento maléfico.

33. Não tenho usado maus pensamentos, palavras ou ações.

Isso está relacionado à lei anterior e é um lembrete de que devemos viver com pureza de palavras, pensamentos e ações.

34. Eu não poluí a água.

A água dá vida a todos os seres vivos. Seja gentil com você mesmo, com a humanidade e com a vida em toda a Terra, mantendo os cursos d'água limpos e frescos.

35. Não falei com raiva ou arrogância.

Não seja arrogante em seu comportamento ou em sua comunicação. Seja gentil e humilde em seus compromissos.

36. Não amaldiçoei ninguém em pensamentos, palavras ou ações.

É melhor não desejar mal a ninguém. Tampouco deve dizer a alguém que deseja algum tipo de mal, especialmente de uma forma que transmita suas intenções genuinamente prejudiciais em relação a ele. Além disso, é melhor não se envolver em nenhuma atividade que você sabe que trará danos a alguém.

37. Não me coloquei em um pedestal.

É melhor não se valorizar demais. Pensar e se comportar de maneira humilde é vantajoso para você e para todos ao seu redor. Não deixe que seu ego conduza suas ações.

38. Não roubei o que pertence a um Deus/Deusa.

Você pode se deparar com itens que foram oferecidos a um deus ou a uma deusa. Não importa o quanto isso seja atraente para seus sentidos, não faça desses itens seus pertences. Deixe-os lá para os deuses ou deusas a quem foram sacrificados. Tomá-los como seus pode resultar em um efeito negativo em sua vida.

39. Não roubei nem desrespeitei o falecido.

Quando as pessoas eram enterradas no Kemet, elas eram enterradas com tesouros e itens que deveriam ser usados em sua jornada para a vida após a morte. Essa lei era para desencorajar as pessoas a se tornarem ladrões de túmulos. Nos tempos modernos, você pode implementar isso respeitando os desejos do falecido quando ele tiver deixado um testamento com instruções implícitas. Você também pode evitar pegar itens que foram deixados em um túmulo como uma lembrança clara de um ente querido. Respeite os mortos.

ESPIRITUALIDADE KEMÉTICA

40. Não tirei comida de uma criança.
As crianças devem ser cuidadas e não maltratadas. Não tire a comida de uma criança nem qualquer outro item destinado a nutrir e sustentar essa criança.

41. Não agi com insolência.
Agir com insolência significa que você agiu de forma desrespeitosa. Certifique-se de tratar todas as pessoas que encontrar com respeito. Isso não deve depender do fato de você acreditar ou não que elas merecem esse respeito; o melhor é simplesmente tratá-las bem.

42. Não destruí propriedade pertencente a um Deus/Deusa.
Isso está de acordo com a lei de número 38, que é uma declaração de não ter roubado um deus ou uma deusa. Da mesma forma, é melhor que você cuide e honre o que pertence aos deuses e deusas, não o destruindo.

FILHOS DE HERU

Durante o processo de mumificação, deuses específicos, conhecidos como os Filhos de Heru, recebiam a responsabilidade de cuidar dos órgãos internos identificados durante a jornada para a vida após a morte. Esses deuses eram chamados de Hapi, Imsety, Duamutef e Qebehsenuef, que eram responsáveis pelo estômago, intestinos, pulmões e fígado, respectivamente. Os órgãos identificados eram mumificados e colocados em frascos canópicos. Cada frasco continha a imagem do deus que guardava o órgão do corpo contido nele. Esse processo de preservação destaca a importância do corpo e desses órgãos específicos nesta vida e na próxima.

Portanto, é bom reconhecer a importância de seu corpo como

o recipiente que carrega seu espírito durante a jornada da vida na Terra. Parte disso envolve a inclusão de bênçãos para os órgãos que foram especificamente atribuídos aos Filhos de Heru após a morte. O exame de cada uma dessas partes do corpo fornece informações sobre a importância delas para sua vida diária.

Hapi, o deus com cabeça de babuíno, cuida dos pulmões. Eles permitem a respiração do oxigênio vital para o seu corpo. Esse oxigênio é necessário para que cada célula do corpo sobreviva. Quando você não consegue respirar, você morre.

O Imsety com cabeça humana cuida de seu fígado. O fígado secreta alguns dos hormônios e enzimas mais importantes para permitir a digestão dos alimentos. Além disso, o fígado decompõe algumas das substâncias menos nutritivas que consumimos. Isso inclui drogas e álcool, que o fígado decompõe para que não sejam tóxicos para o organismo. O fígado decompõe as gorduras e armazena glicose, o que o torna importante para nossa capacidade de prosperar tanto em épocas de seca quanto de abundância.

O Duamutef, com cabeça de chacal, protege o estômago. O estômago é o primeiro receptáculo para o nosso alimento depois que o mastigamos e engolimos. Ele elimina as substâncias nocivas e participa do processo digestivo.

Qebehsenuef é representado no frasco canópico com uma cabeça de falcão. Ele cuida dos intestinos. Os intestinos permitem a absorção de alimentos pelo corpo e consistem no intestino delgado e no intestino grosso. Cada uma dessas seções tem funções diferentes no processo digestivo. O nervo vago, que contém a conexão cérebro-intestino, vai dos intestinos até o cérebro. Portanto, qualquer distúrbio nos intestinos tem um impacto direto na clareza mental e na maneira como os indivíduos podem se envolver e aproveitar o mundo ao seu redor.

ESPIRITUALIDADE KEMÉTICA

Para ajudar em sua jornada espiritual, é aconselhável fortalecer o corpo e a mente, além do espírito. Para fortalecer seu corpo, é vantajoso seguir uma dieta kemética. Seguir essa dieta garante que tudo o que você consome lhe forneça energia positiva que emana diretamente do sol - a fonte de energia da Terra.

CONSTRUINDO UM CORPO SAUDÁVEL

Uma dieta que contém alimentos não orgânicos e que não estão alinhados com os princípios da Kemética resultou em uma população pouco saudável na sociedade moderna. Isso se deve, em grande parte, ao aumento de doenças causadas pelo consumo de alimentos prejudiciais à nossa saúde. Alguns desses alimentos populares, como laticínios, alimentos processados e frutos do mar, resultam em inflamação, congestão e esgotamento de energia. Isso se deve ao grande esforço necessário para digerir esses alimentos. Esses alimentos geralmente dão origem a alergias. Assim, em vez de fornecer nutrição de fácil acesso ao nosso corpo, esses alimentos acabam levando a doenças crônicas, pois nosso corpo luta para lidar com os efeitos prejudiciais de uma dieta que não faz nada para elevar nossa frequência vibracional. Em vez disso, a dieta errada nos faz sentir inchados e sem energia. Essa falta de energia física pode afetar nossa capacidade de nos concentrarmos e seguirmos nosso caminho espiritual.

FORÇA FÍSICA E EQUILÍBRIO

A garantia de funções corporais saudáveis e o alinhamento com o divino são ainda mais aprimorados pela incorporação da ioga kemética em nosso estilo de vida diário. Por que não começar seu dia com as técnicas de respiração e alongamento que a ioga kemética oferece? Isso permite que você mantenha um núcleo corporal forte e incorpore a respiração da vida como uma força que acalmará sua mente e permitirá que você se concentre totalmente em suas atividades diárias. (Veja o capítulo *Bônus* *Yoga Kemética para Energizar a Prática Moderna* no final deste livro).

Uma prática meditativa que inclua o alinhamento com seus guias espirituais também ajuda a desenvolver seu corpo físico. É por meio da interação com seus guias espirituais que você pode alcançar o equilíbrio e a cura em áreas do corpo que a medicina ocidental tradicional não reconhece ou trata com produtos químicos que podem não ser benéficos para a saúde geral. Uma abordagem espiritual para o bem-estar terá um efeito positivo de longo prazo tanto no corpo quanto na psique.

UMA MENTE SAUDÁVEL

Concentrar-se em estudos espirituais manterá sua mente e seu espírito em um reino que lhe permitirá criar eventos positivos em sua vida. Esses estudos espirituais podem ser extraídos de muitas das religiões positivas do mundo. Diz-se que essas religiões, como o cristianismo, o judaísmo, o islamismo e o budismo, tiveram origem no antigo Kemet. Muitos dos temas ensinados e das histórias contadas nessas religiões mantiveram suas origens keméticas, embora os nomes possam ter sido alterados e as histórias ajustadas. Entretanto, os princípios que são transmitidos aos seus seguidores permanecem os mesmos, com temas centrais, como os Dez Mandamentos, que se diz terem sido derivados das leis de Ma'at.

Para manter uma mente saudável, você também deve se concentrar em pensamentos positivos. Esteja atento a pensamentos que estejam imbuídos de raiva, tristeza, preocupação e ciúme. Esses pensamentos podem resultar no aparecimento de doenças físicas ao longo do tempo, pois os órgãos do corpo começam a reagir às substâncias químicas e enzimas que são secretadas no corpo quando esses pensamentos são alimentados. A espiritualidade kemética estava ciente dessa conexão e incentivou o pensamento puro há milhares de anos. Somente recentemente os estudos científicos reconheceram essa correlação. Se você não tomar cuidado para monitorar e estabilizar seus pensamentos negativos, isso poderá ter um efeito epigenético a longo prazo (Mate, 2022). Um efeito epigenético é aquele que afeta você em um nível genético e, portanto, pode ser transmitido aos seus descendentes. Assim, a doença hepática que você provocou por excesso de preocupação pode se tornar hereditária, pois seus filhos e netos podem desenvolvê-la. Portanto, alguns tipos de doenças que são vistas como genéticas podem ser evitadas simplesmente mantendo a pureza da mente. Depois de reconhecer que um estado mental saudável pode afetar seu bem-estar geral, você pode trabalhar para garantir que seu ambiente e seu estilo de vida permitam que essa mente saudável floresça.

Para garantir que você mantenha uma perspectiva positiva durante a maior parte de sua vida, seria benéfico escolher uma profissão que esteja alinhada com sua personalidade (Muata Ashby, 2002). Dessa forma, quando você se concentra em seu trabalho, ele se torna uma prática meditativa. Se, durante o dia de trabalho, você estiver em um estado de tranquilidade, estará menos propenso ao mal-estar. As emoções positivas que resultam do prazer no trabalho resultarão em uma perspectiva positiva contínua. Isso terá um impacto benéfico em sua saúde, tanto a curto quanto a longo prazo.

OS SETE PRINCÍPIOS HERMÉTICOS

Além das leis de Ma'at, os sete Princípios Herméticos são um meio adicional de alcançar o equilíbrio. Esses princípios herméticos persistiram em sua aplicação em todo o mundo. Sua adoção na cultura grega influenciou muito sua capacidade de persistir na compreensão espiritual moderna. Os Princípios Herméticos nos foram dados pelo deus Hermes Trismegisto. Juntamente com a teurgia e a astrologia, eles permitirão que você acesse a sabedoria do universo. Mencionarei esses princípios brevemente aqui e os detalharei mais no capítulo sobre a Ciência Kemética.

1. O princípio do mentalismo
2. O princípio da correspondência
3. O princípio da vibração
4. O princípio da polaridade
5. O princípio do ritmo
6. O princípio da causalidade
7. O princípio de gênero

Juntos, esses princípios devem guiá-lo em sua jornada como um iniciado espiritual ao tomar suas decisões diárias.

TORNANDO-SE DIVINO

O kemetismo é mais teurgia do que teologia. Isso significa que ele vai além do estudo dos deuses e deusas. É um modo de vida em que você se esforça para ser como os deuses e deusas, abraçando seus aspectos positivos. Você precisa entender os desafios que os deuses e deusas enfrentaram durante o curso de suas vidas e, em seguida, trabalhar para superar esses desafios em sua própria vida. Você pode aprender com as rotas que foram seguidas pelos deuses

ESPIRITUALIDADE KEMÉTICA

e deusas e permitir que elas o inspirem. Além do mimetismo, a teurgia também envolve o apelo ativo às divindades para que estejam presentes em sua vida e guiem seus afazeres diários. Isso envolve orações, rituais e outras práticas espirituais, como a ioga. Isso permite que você use a presença e a energia da divindade para ajudá-lo a superar os desafios, da mesma forma que usar uma capa de chuva permite que você caminhe na chuva sem se molhar. A capa de chuva não o torna à prova d'água, mas impede que você sofra o impacto direto da água. Ao usar uma capa de chuva, você chega seco ao seu destino. Ao praticar a teurgia, você supera os desafios da vida diária sem o profundo impacto emocional e espiritual que alguns eventos podem causar. A prática da teurgia também pode ajudá-lo a superar o impacto de eventos negativos anteriores. Isso lhe proporciona a melhor plataforma para atingir suas metas de vida.

Além de aprender sobre a vida deles, você pode trabalhar mais de perto com as leis e a energia universais. Você pode fazer isso participando deliberadamente de rituais, como homenagear seus ancestrais e guias espirituais. Isso o ajudará a prestar atenção às leis herméticas e a viver de uma forma que o alinhe com elas. A capacidade de fazer isso e, assim, manipular os eventos a seu favor é o que consistia a magia no antigo Kemet. De fato, no Kemet, havia um deus da magia e seu nome era Heka. Ele geralmente era representado usando um cocar com as duas mãos levantadas. Ele estava tão inserido e presente em todos os aspectos da vida que quase parecia invisível devido à sua onipresença. Portanto, recomenda-se que você também esteja ciente da onipresença das forças mágicas e da capacidade de experimentar resultados extraordinários como resultado.

A saúde é um estado da mente, do corpo e da alma. Esses três aspectos do ser devem estar saudáveis e em equilíbrio, se você quiser garantir sua saúde contínua. De acordo com o especialista em kemetismo Muata Ashby, "a doença e o mal-estar devem ser tratados no nível da alma por meio da disciplina da meditação, no nível mental por meio do estudo e da compreensão do propósito da vida... e no nível físico com a dieta e os exercícios adequados".

Viver um estilo de vida kemético que inclui ioga kemética, meditação nas leis de Ma'at, uma dieta kemética e um estudo espiritual beneficia sua saúde e bem-estar geral. Quando você vive em um corpo saudável, com uma mente e uma alma saudáveis, está vivendo em harmonia consigo mesmo e de acordo com as leis de Ma'at. Portanto, um estilo de vida kemético que busca melhorar sua vida espiritual é benéfico para todos os aspectos de sua existência.

THOTH

A ÁRVORE DA VIDA E COMO USÁ-LA PARA ALCANÇAR UMA CONSCIÊNCIA MAIS ELEVADA

A Árvore da Vida foi popularizada por várias religiões. Evidências de sua existência podem ser encontradas em crenças, textos religiosos e localizações geográficas que vão desde a Cabala, o Budismo, a religião celta, o Cristianismo, a religião turca, os assírios, os maias, os nativos americanos, o Hinduísmo, o Islã e a China. O que todas elas têm em comum é a visão da árvore da vida como um conector entre o céu e a terra. Algumas culturas também veem a árvore da vida como uma força que une famílias, culturas e sociedades.

As representações da árvore da vida nessas culturas mostram uma árvore com suas raízes e seus galhos que se estendem para baixo e para cima para, por fim, se tornarem parte do círculo no qual estão inseridos. Essas visualizações incorporam como a árvore da vida é uma ferramenta para crescermos de nossas raízes terrenas até um nível em que abraçamos o divino nos céus. Ao usar a árvore da vida em nossa jornada espiritual, podemos alcançar níveis mais elevados de consciência espiritual e, ao mesmo tempo, criar um impacto positivo sobre as pessoas ao nosso redor enquanto realizamos os movimentos de nossa vida diária. Usar a árvore da vida como uma ferramenta para a iluminação espiritual nos permite abraçar tanto o céu quanto a terra.

A árvore da vida kemética também se estende da terra em direção aos céus. Entretanto, em vez de uma árvore, ela usa a forma de um obelisco como sua representação visual. A longa coluna representa os vários estágios e os múltiplos pontos de conexão dos vários deuses e deusas retratados na história da criação. A pedra Benben, de formato triangular, no topo da estrutura, representa o ponto de conexão com o deus criador na forma do sol nascente, também conhecido como Amen Ra ou Amun Ra. Foi sobre a pedra Benben que Rá pousou quando emergiu das águas de Nun. Desse ponto de vista, ele usou a energia da vibração para criar o mundo. Ao descermos da pedra Benben e percorrermos a coluna do obelisco, encontramos diferentes planos de existência, cada um associado a diferentes princípios. Cada um desses princípios, ou deuses, nesses planos de existência, representa um ponto ao longo da jornada humana em seu crescimento ascendente rumo à iluminação. Na direção oposta, esses pontos representam a jornada da criação para baixo, do etéreo para a densidade crescente. Além do obelisco com a pedra Benben em forma de pirâmide no topo, a estrutura da pirâmide também pode ser vista como a árvore da vida. Para que isso aconteça, precisamos incluir os princípios que formam a estrutura básica que permite a existência da criação. Esses são os princípios conhecidos como Nebethetepet e Iusaaset. Eles se unem para formar o tempo e o espaço, criando uma plataforma na qual a criação pode existir. Juntamente com Rá, eles formam uma estrutura triangular que ancora o obelisco que representa a história da criação.

ESPIRITUALIDADE KEMÉTICA

Ao usar o obelisco ou a pirâmide como estrutura para ajudá-lo a se identificar com os princípios da criação e manifestá-los em sua vida, você deve entender a ordem em que os princípios apareceram durante o processo de criação. Você também precisará incorporar os traços desses princípios para enfrentar os desafios que cada princípio encontrou durante seu surgimento. Os desafios que os princípios enfrentaram ao longo de suas vidas e as maneiras pelas quais eles os enfrentaram e superaram continuamente também são uma diretriz para ajudá-lo a alcançar a grandeza em sua vida, emulando os comportamentos que os ajudaram a superar os desafios.

Durante o processo de criação, cada princípio emanou do divino em um processo de criação descendente. Em sua jornada espiritual, você envolverá cada princípio na ordem oposta àquela em que foram criados. Cada passo que você der na ascensão dessa escada o aproximará de sua divindade. Quanto mais você incorporar os aspectos positivos do deus ou deusa associados, maior será o seu crescimento espiritual. A intenção final é que você alcance o alinhamento com o deus criador, Rá.

Para ajudá-lo em sua jornada, vamos dar uma olhada mais profunda no processo de criação e nos princípios em sua ordem de aparecimento nos quatro planos de existência.

PLANOS DE EXISTÊNCIA

A árvore da vida kemética remonta a 4000 a.C. e é representada por um obelisco ou uma pirâmide para representar o caminho para a iluminação espiritual. O obelisco é dividido em quatro planos de existência pelos quais a ascensão deve ocorrer para alcançar um estado divino. Cada plano de existência representa uma faculdade humana diferente que precisa ser envolvida e superada na jornada para a iluminação.

A iluminação é alcançada pela superação dos desafios encontrados ao enfrentar os princípios que residem em cada um dos quatro planos de existência. Cada princípio é representado por uma divindade que representa a força suprema pela qual ele é responsável.

Ao conquistar cada força dentro de si mesmo como um buscador espiritual ou iniciado, você pode passar do domínio dos elementos mais densos para os mais etéreos. Quando tiver dominado todas as 11 forças, você alcançará um nível de transcendência.

As forças geralmente são sentidas como um impulso interno ou um desejo. Isso o guiará para entender onde você está na jornada, no que precisa se concentrar e como dominar os desafios atuais a qualquer momento. Os princípios são apresentados a seguir na ordem de criação, ou seja, de cima para baixo. Lembre-se, porém, de que sua jornada espiritual será uma ascensão de baixo para cima. A cada desafio que superar, você enfrentará outro que está mais alto na árvore da vida. Se continuar sua jornada espiritual, você ascenderá até alcançar a divindade de Ra.

NUN

A história da criação começa no primeiro plano de existência, que é Nun, a consciência indiferenciada. É a partir dessas águas caóticas de Nun que Ra se eleva para sentar-se na pedra Ben-ben. Nun é o reino absoluto dos mundos transcendentais.

. . .

Ra, ou Re

Representado por um homem com cabeça de falcão e um disco solar na cabeça, Rá é o deus criador. Ele criou o deus Shu e a deusa Tefnut depois de emergir das águas de Nun. Shu e Tefnut são o ar e a umidade.

Ra representa o crescimento dos seres vivos por meio do poder do sol, que Ra personifica. Rá se expressa de diferentes formas, como o sol nascente - Amun Rá - e o sol poente - Tem Rá. Em ambos os estados, Rá está se preparando para gastar uma grande quantidade de energia durante metade do dia. Como Amun Ra, ele está se preparando para iluminar a Terra, trazendo calor e a capacidade de crescimento e criação de alimentos por meio dos efeitos da fotossíntese. Como Tem Ra, entretanto, ele está prestes a ser engolido pela deusa do céu, Nut. Quando Nut engole Rá, ela assume a forma do céu noturno. Aqui ele entrará no submundo e passará a noite inteira atravessando 12 portões e lutando contra o deus-serpente Apep. No dia seguinte, ele acaba saindo vitorioso na forma do sol da manhã.

Enquanto o obelisco representa a árvore da vida, Ra está sentado no topo da pedra Benben, que se encontra no topo do obelisco. Isso indica seu papel como governador de todas as outras divindades encontradas na árvore da vida e na jornada da criação. Se você estender essa Benben até o chão, verá que ela cria a forma de uma pirâmide no nível do solo. Essa pirâmide é ancorada em ambos os lados por Nebethetepet e Iusaaset. Eles são o deus e a deusa que estavam lá no início da criação, quando Ra criou o mundo. Entretanto, devido ao seu papel como âncoras da pirâmide maior, eles não estão no plano de Nun. Eles estão localizados no plano mais baixo da existência, o Ta.

Duat

Quando Ra emergiu das águas de Nun, ele emergiu no reino dos mortos - o Duat. Esse também é chamado de reino astral. Aqui, ele emergiu na forma que assume quando entra nesse reino, que é Atum Ra ou Tem Ra. Quando estava nesse espaço, ele começou a trazer ordem ao mundo criando a deusa Ma'at. Foi aqui, no reino dos mortos, que ele também criou a companheira de Ma'at, Djehuti. Nesse reino, eles são acompanhados por Het-Heru, também conhecida como Hathor - a deusa do céu.

Duat, o plano causal, é o centro das faculdades mentais, como a consciência e a individualidade. Os princípios de equilíbrio e ordem, bem como o intelecto, são encontrados nesse plano. Ma'at é o equilíbrio e a ordem, enquanto Djehuti é o intelecto. Eles são

ESPIRITUALIDADE KEMÉTICA

mantidos juntos pela força sutil da ordem que é representada por Het-Heru.

Ma'at

Ma'at representa a ordem. Ela é a deusa da verdade, do equilíbrio e da ordem. Se você operar dentro das leis de Ma'at no decorrer de sua vida, garantirá que sua vida esteja em harmonia com as leis universais. Essas leis universais de Ma'at foram criadas como a estrutura básica necessária para toda a existência. Ra trouxe Ma'at à existência antes que o restante da criação fosse estabelecido. As leis herméticas seguem o princípio de Ma'at, e estar alinhado com elas o coloca em alinhamento com toda a criação. É por isso que a adoção dessas leis resulta na capacidade de manifestar suas intenções mais rapidamente do que se você estivesse em um estado de desordem e caos.

Djehuti ou Thoth

Djehuti, também conhecido como Thoth, representa o intelecto. Ele é o deus da sabedoria, da magia, da palavra escrita e da lua. Thoth era o deus do equilíbrio e, portanto, trabalhava em estreita colaboração com Ma'at. Ele era frequentemente representado como um homem com a cabeça de uma íbis ou como um babuíno sentado. Sua proximidade com Rá é vista no disco solar que ele costuma usar na cabeça. Ele é um escriba e conselheiro dos deuses. Ele também governa as questões de justiça na Terra. Ele afasta Apófis ou Apep, a serpente do caos que tenta devorar Rá todas as noites. Thoth conhece o passado e o futuro, inclusive o destino de cada pessoa desde o momento de seu nascimento.

Ele conta os dias e os anos da humanidade. Depois que as pessoas morrem, ele as ajuda a passar pelo salão da justiça, fornecendo-lhes feitiços mágicos para usar contra os demônios do submundo.

Thoth também é conhecido como Hermes Trismegistus. Nessa representação, ele nos trouxe os Princípios Herméticos. Esses princípios nos orientam sobre as formas de operação das leis do universo. Eles nos mostram como devemos nos comportar se quisermos nos envolver com essas leis com o objetivo de provocar mudanças em nossas vidas. Ele também nos trouxe *as Tábuas de Esmeralda de Toth*, que relatam os últimos dias da Atlântida e como seu amor pelo conhecimento resultou em sua transmutação de um homem de Atlântida para um deus no Egito.

. . .

HET-HERU OU HATHOR

Hathor é a deusa guerreira com o disco solar e os chifres de touro. Como guerreira, ela faz parte do consorte conhecido como o *Olho de Rá*. Essa é a equipe que Rá enviou à Terra para restaurar a ordem. Uma das histórias sobre Hathor é que, em um determinado momento, Sekhmet foi enviada à Terra para punir a humanidade por seus erros. Quando Sekhmet chegou, ela começou a matar as pessoas indiscriminadamente porque todas haviam pecado. Rá enganou Sekhmet para que bebesse uma cerveja que parecia ser o sangue da humanidade. O álcool fez com que ela caísse no sono e, quando acordou, não era mais Sekhmet, mas havia assumido a forma da divertida Hathor.

Hathor é uma deusa divertida cujo presente para o mundo é a gratidão. Observar rituais religiosos, rezar e participar de festivais é sua receita para uma vida boa. Essa atitude de gratidão que ela ensina permite que você mantenha as leis de Ma'at se puder cultivá-la. Os efeitos da gratidão continuam na vida após a morte, pois ela mantém seu coração leve como uma pena e, portanto, capaz de passar pelos corredores do julgamento.

PET

Depois que as estruturas que governavam o universo foram estabelecidas, Rá criou Shu e Tefnut - ar e umidade - cuspindo-os ou espirrando-os. Esses eram seus filhos, que ele colocou no plano celestial. Eles, por sua vez, criaram Geb e Nut - a terra e o céu.

Acima do plano físico está o Pet, o plano astral. É nesse nível que residem os sonhos, as ideias, os pensamentos, as emoções e a imaginação. Os princípios que você precisa superar para conquistar esse plano são o ar ou éter, a terra, a água e os céus. Portanto, você precisará envolver Shu, Geb, Tefnut e Nut para conseguir fazer isso.

SHU

Shu representa o ar, o espaço e o éter. Shu é o deus da luz e uma força de preservação. A preservação ocorre em sua presença. Para entender esse conceito, considere como os alimentos que foram desidratados podem ser preservados para consumo por um longo período de tempo.

ESPIRITUALIDADE KEMÉTICA

Suas imagens o retratam usando penas de avestruz na cabeça. Com uma das mãos, ele carrega um ankh, que representa o sopro da vida. Com a outra mão, ele carrega um cetro, que representa o poder. Ele é frequentemente visto segurando o céu - a noz - com as duas mãos, enquanto seus pés repousam ao lado de Geb - a terra, que repousa no chão. Em alguns casos, Shu é representado como um leão. Shu e Tefnut também eram adorados como um par de leões.

TEFNUT OU TEFENET

Tefnut representa a água e a força vital. Ela é a deusa da água, que provoca mudanças por meio da introdução da umidade. Ao provocar mudanças, ela cria o conceito de tempo, que é usado para diferenciar os estados antes e depois da ocorrência da mudança.

Ela é vista com uma serpente uraeus e um disco solar em sua cabeça. Ela também foi retratada com uma coroa de plantas germinadas em sua cabeça. Como Shu, ela carrega um ankh e um cetro, representando vida e poder.

NUT

A Nut representa o céu. Ela é a deusa do céu. Nut e Geb eram gêmeos que nasceram abraçados um ao outro. Quando Rá ordenou que Shu os separasse, ele segurou Nut acima de sua cabeça e deixou Geb deitado a seus pés. O corpo de Nut mantém o caos sob controle; caso contrário, ele romperia os céus e dominaria a terra. Esse é o mesmo caos que ameaça consumir Rá diariamente na forma da serpente Apep enquanto ele atravessa o Duat. Como Rá havia decretado que Nut não poderia dar à luz em nenhum dia do ano, era necessário encontrar uma solução criativa para que a grávida Nut pudesse dar à luz. Thoth planejou uma maneira de permitir que a Nut, que estava grávida, desse à luz sem desafiar Rá. Ele criou cinco dias extras usando feixes de luz da lua. Nut pôde dar à luz sucessivamente durante esses dias extras. O calendário kemético tem 360 dias e 5 dias extras para atender à revolução completa em torno do sol. Não podemos deixar de nos perguntar se esses cinco dias extras são os que Djehuti criou para proporcionar a Nut dias extras para dar à luz. Afinal de contas, os dias extras não se encaixam facilmente no bem dividido calendário kemético.

Nut engole Ra no oeste ao pôr do sol e dá à luz a ele no leste ao amanhecer. Enquanto percorre seu corpo interior, Rá luta contra os demônios do submundo, incluindo a serpente Apep, que Thoth ajuda a afugentar. Nut fornece ar fresco para as almas que estão no submundo.

Nut geralmente é representada arqueada sobre a terra, com os pés tocando o chão à esquerda e as mãos à direita da imagem. Ela também é representada como uma escada entre a terra e os céus, pela qual as almas podem subir para chegar à vida após a morte. Seu corpo é geralmente pintado de azul e coberto de estrelas que representam o céu noturno.

Geb

Geb representa a terra, pois é o deus da terra. Ele é o irmão gêmeo de Nut, a deusa do céu.

ASCENDING VIBRATIONS

Suas imagens o retratam como um ganso ou como um homem com cabeça de ganso. Outras imagens o mostram como um homem usando a coroa Atef - uma combinação da coroa Hedjet branca em forma de cone com penas de avestruz enroladas em ambos os lados.

NUT and GEB

T_A

Geb e Nut tiveram filhos que viveram no plano terreno após seu difícil nascimento. Eles tiveram que viver na Terra, pois Ra decretou que eles eram considerados inaptos para viver no plano celestial devido às circunstâncias de seu nascimento. Esses filhos de Nut se tornaram os protagonistas das histórias que descrevem as principais batalhas que a humanidade enfrenta enquanto vive no reino terreno. Essas são batalhas relacionadas ao engano, à inveja e à superação do mal por meio da perseverança.

Ta é o plano físico de existência no qual experimentamos a vida. Esse é o plano mais denso da existência. Nesse plano, você encontrará as forças conhecidas como Asar, Aset, Set, Nebthet, Heru Ur, Nebethetepet e Iusaaset.

Asar, *Ausar ou Osíris*

Asar representa a alma eterna. Ele é o deus da fertilidade, da vida, da morte e do submundo. Sua soberania sobre a fertilidade inclui a inundação anual do rio Nilo e o sucesso agrícola. Essa última é uma associação que consolida sua identidade como sendo a de um homem verde. Ele também foi retratado como um homem negro em um caixão. Isso se deve ao fato de que ele foi morto por seu irmão Set mais de uma vez e, a cada vez, sua esposa Aset trabalhou duro para restaurar sua vida. Na primeira vez que seu irmão o matou, ele foi enganado para entrar em um caixão. Seu irmão então fechou a tampa e jogou o caixão no rio Nilo. Entretanto, em vez de morrer, Asar acabou sendo aprisionado em um pilar feito de madeira djed. O fato de Aset tê-lo resgatado do pilar de madeira resultou em uma segunda tentativa de assassinato por parte de seu irmão. Suas fotos o mostram usando a coroa de Atef com seu reconhecível detalhe lateral de penas de avestruz, enquanto suas mãos seguram um cajado e um mangual.

Asar é o marido-irmão de Aset e o pai de Anpu, ou Anúbis. Anpu é filho de Néftis e foi concebido quando ela estava disfarçada - é assim que a história é contada para encobrir o fato de que Asar teve um filho fora do casamento. Portanto, Néftis, a deusa do ar, teria se disfarçado de Auset, sua irmã e esposa de Asar. Asar também é o pai dos gêmeos Heru (Hórus mais jovem) e Bastet. Por ser o rei do submundo, todos os faraós aspiravam a se tornar como Asar após a morte.

Aset, Auset ou Isis

Aset representa a sabedoria e a intuição. Ela detém o título de "mãe de todos os deuses", pois todo faraó era seu filho - Heru. No entanto, após a morte, esses mesmos faraós aspiravam a se tornar seu marido - Asar. Com seu poder de ressurreição, ela foi capaz de trazer seu marido Asar de volta à vida na primeira vez em que seu irmão Set o matou. Depois que ela fez isso, Set o cortou em 14 pedaços para garantir que ele estivesse realmente morto. No entanto, Aset juntou todos os seus pedaços para que pudesse lhe proporcionar um funeral decente. Ela até criou uma parte do corpo substituta depois que não conseguiu encontrar o pênis dele, pois ele havia sido engolido por um crocodilo. Seria correto dizer que foi graças às ações incansáveis dela que Asar pôde assumir seu lugar como governante do submundo após o enterro.

Com seu poder de ressuscitar os mortos, Aset era considerada altamente habilidosa nas artes mágicas. Dessa forma, ela ganhou a reputação de ser capaz de curar todas as doenças. Você pode invocar Aset para ajudá-lo nas circunstâncias mais difíceis, como faziam os antigos egípcios. Ela superou muitas situações difíceis e ajuda os necessitados. Sua capacidade de superação foi adquirida de Rá depois que ela o enganou para que revelasse seu verdadeiro nome a ela. Ao fazer isso, ela conseguiu suborná-lo para que lhe desse seus poderes.

Diz-se que as imagens de Aset amamentando Hórus inspiraram as primeiras pinturas de Maria e Jesus. Hórus foi concebido por Aset depois que ela criou um falo para ele a fim de garantir que seu corpo estivesse completo no enterro. Outras imagens dela a mostram com um disco solar na cabeça, carregado por um trono ou cocar de abutre. Ela também foi retratada com uma coroa de Shuty que carrega o uraeus e o disco solar entre dois chifres de vaca. Entretanto, o uso do Shuty pode estar relacionado à sua conversão pela população na forma de Hathor durante os últimos anos das dinastias egípcias. Algumas de suas imagens também a mostram usando uma coroa de três degraus. Ela é associada à lua, ao rio Nilo e às estrelas.

Set*, *Seth* ou *Satet

ESPIRITUALIDADE KEMÉTICA

Ele era o deus do caos, da confusão, da destruição, das tempestades, das terras estrangeiras, dos eclipses, dos terremotos e da violência. Set era irmão de Asar, a quem trouxe muito caos violento durante sua vida. Set matou Asar durante uma disputa de poder pela liderança do Egito. Como governante de terras estrangeiras, ele também era um protetor de caçadores, soldados e caravanas comerciais. Ele semeou confusão entre as tropas inimigas, resultando em sucesso para o exército do Egito. Nos últimos anos, ele foi visto como amigo de Rá.

Ele é representado como um cão de focinho longo, orelhas longas e cauda bifurcada.

NEBTHET, ou Nephthys

Deusa do ar, Nebthet era casada com Set e era a mãe de

Anúbis. Anúbis é filho de Asar, que Nebthet concebeu depois de se disfarçar como sua irmã Aset e seduzir Asar.

Ao lado de Aset, ela ajudou a ressuscitar Asar depois que Set o matou. Isso lhe rendeu o título de "protetora dos mortos". Ela vigia de forma exclusiva os órgãos nos frascos canópicos que são colocados na tumba ao lado dos mortos quando são enterrados.

Às vezes, ela é retratada com uma cesta na cabeça. Ela também foi retratada como uma mulher de luto e como um falcão.

HERU-UR (HÓRUS, o ancião)

Heru-Ur lutou com Set depois que Set matou Asar pelo trono. Durante a luta, Heru-Ur perdeu seu olho esquerdo. O olho foi restaurado por Djehuti. Consequentemente, a lua passa por diferentes fases, simbolizando os momentos em que o olho de Heru-Ur estava completo até o momento em que ele ficou sem o olho. Quando o ciclo lunar recomeça, seu olho é restaurado em sua plenitude. Portanto, o olho de Heru-Ur simboliza restauração, saúde e proteção. O olho totalmente restaurado de Heru-Ur é simbolizado pelo *wedjat*, também conhecido como o olho de Hórus. Acredita-se que os amuletos do olho de Hórus sejam poderosos.

Porém, em anos posteriores, Aset passou a simbolizar Hathor. Durante essa época, Heru-Ur é retratado como filho ou marido de Hathor. Os gregos adotaram Heru-Ur como Hórus e, em anos posteriores, deram-lhe o nome de Apolo. Portanto, qualquer menção a Apolo nos textos gregos pode ser vista como pertencente a Heru-Ur como um deus.

Heru-Ur era representado por um falcão ou por um disco

solar alado. O Heru-Ur alado pairando sobre a cabeça em uma imagem indicava um rei. Na forma de um falcão, seu olho direito era a estrela da manhã do poder. Seu olho esquerdo era a lua ou a estrela vespertina, que tinha a força para curar.

NBTH HOTEP, *Nebethetepet ou Nehmetawy*

Nebethetepet representa o repouso. Juntamente com o movimento, que é representado por Iusaaset, eles criam o tempo e o espaço. Assim, esses dois se juntam a Ra para formar um triângulo que é a base do tempo e do espaço. Essa base permite que Rá crie o mundo.

Como Nehmetawy, ela era esposa de Thoth e, às vezes, esposa do deus-serpente Nehebu-kau. Nehmetawy era a protetora da lei e representava a sabedoria e a justiça. O nome Nehmetawy significa "aquela que abraça os necessitados".

Ela é retratada como uma mulher em um vestido longo, às vezes carregando uma criança. Em sua cabeça, ela carrega uma coroa feita de um sistrum ladeado por dois uraei (uraei é o plural de uraeus. Um *uraeus* é a cobra egípcia; era frequentemente colocado como símbolo nas coroas da realeza egípcia). O *sistrum* é um instrumento musical com o formato de um U invertido, com uma alça em uma extremidade e barras colocadas horizontalmente ao longo do U. O som que ele produz é semelhante ao de um pandeiro.

Cada uraeus da coroa de Nehmetawy apresentava um disco solar em sua cabeça. Esse instrumento sistrum, que é sua coroa, é semelhante ao que Hathor é frequentemente visto carregando em sua mão. Portanto, supõe-se que haja mais conexões entre Nehmetawy e Hathor.

IUSAASET, Iusas ou Saosis

Iusaaset representa o movimento. Ela também é a deusa da árvore da vida. A árvore da vida é a acácia porque, além de ser durável, é comestível e tem propriedades medicinais. Todas as divindades, com exceção de Atum Ra, nasceram sob a acácia e Iusaaset é a avó de todas elas. Por ser a deusa da acácia medicinal, ela tem a capacidade de remover todas as impurezas do corpo e curar todas as doenças. Sua capacidade de fazer isso está registrada no *The Book of Coming Forth By Day*, também conhecido como *O Livro Egípcio Dos Mortos*.

Juntamente com Atum Ra, ela criou o mundo, pois é a deusa da criação. Ela é a pronunciadora das palavras que criaram o mundo.

Ela também é conhecida como uma das 10.000 faces de Ísis. Em suas imagens, ela é retratada usando um disco solar entre dois chifres que fica no topo de uma coroa de abutre. Em suas mãos, ela carrega um ankh e um cetro.

Esses são os deuses e deusas da criação. Eles são apresentados na mesma ordem em que se manifestaram. Entretanto, ao interagir com eles, você deve fazê-lo de baixo para cima como uma ferramenta para ajudá-lo a melhorar sua vida.

Ao meditar sobre os desafios que eles enfrentaram, você pode aprender com eles para ajudá-lo a enfrentar suas próprias dificuldades. Você também pode recorrer a eles para obter orientação nas áreas que eles superaram. Dessa forma, eles se tornam seus guias na jornada de sua vida.

MAAT

CIÊNCIA HERMÉTICA FACILITADA PARA OBTER VITALIDADE E ABUNDÂNCIA SEM ESFORÇO

Como mencionado anteriormente, a Ciência Hermética foi introduzida no antigo Kemet e depois na Grécia antiga por Hermes Trismegisto. Os princípios que ele introduziu são baseados na ciência. Entretanto, até que descobertas científicas recentes fossem feitas, esses princípios pareciam estar impregnados de crenças, sem nenhuma base científica para sua existência. Os avanços da ciência moderna trouxeram a compreensão científica para o nível em que a espiritualidade e a religião sempre existiram. Esse é o nível em que as ações baseadas na fé resultam em resultados tangíveis. Com esse conhecimento, vem a compreensão de que a resposta às orações não precisa mais ser atribuída à coincidência. Em vez disso, a oração é uma confirmação da implementação bem-sucedida de ações com base científica. Essas ações precisam ser tomadas em alinhamento com a Ciência Hermética e os Sete Princípios Espirituais.

Além de serem transmitidas por famílias e sociedades secretas, as leis herméticas foram, em sua maioria, perdidas para a sociedade ao longo dos milênios. No século passado, houve ocasiões em que essas leis surgiram de várias formas para orientar aqueles que estavam em posição de receber esse conhecimento. Este livro é uma dessas formas, pois chama a atenção para as Leis herméticas de maneira direta. Outros livros que fizeram isso incluem *The Secret* (*O Segredo*), de Rhonda Byrne, *As A Man Thinketh* (*Como um Homem Pensa*), de James Allen, e *Think and Grow Rich* (*Pense e Enriqueça*), de Napoleon Hill, para citar alguns.

Esses livros tentaram chamar nossa atenção para o fato de que aquilo em que focamos nossa atenção leva ao crescimento nessa área. Isso é verdade, quer seja um pensamento positivo ou negativo no qual estamos nos concentrando. Nosso foco, combinado com nossas emoções, serve como fertilizante espiritual para que aquilo cresça. A razão pela qual isso ocorre é devido aos princípios herméticos aos quais o universo está alinhado. Nossas emoções servem como uma fonte de energia que alimenta nosso foco e, portanto, ativa o poder de criação que existe dentro de nós. Quando conhecemos e entendemos essas leis universais, somos capazes de fazer mudanças em nossas vidas que seriam difíceis de realizar a partir de uma posição de ignorância.

O PRINCÍPIO DO MENTALISMO

Esse princípio afirma que o universo é mental. Ele se refere ao fato de que existe uma consciência suprema que controla todo o universo. É essa consciência suprema que controla o movimento dos planetas, as marés do mar e os ritmos de seu corpo (Atkinson, 1908).

A crença em um poder espiritual superior que criou o

universo é a base da maioria das religiões do mundo. Essas religiões atribuem a esse poder espiritual superior a capacidade de controlar o mundo e garantir que todas as operações ocorram sem problemas, tanto no céu quanto na Terra. Tradicionalmente, as religiões abraâmicas conceberam essa figura como tendo qualidades semelhantes às humanas. Na versão eurocêntrica, Deus é representado como um homem velho e barbudo flutuando em uma nuvem no céu. Eventos científicos recentes nos ajudaram a mudar nosso foco de uma única entidade física que controla o mundo para uma compreensão da interconexão entre os seres vivos. Nossa personalização anterior da consciência universal provou ser um método útil para direcionar o foco de nossas intenções usando o método da oração. Sua utilidade surgiu da ideia de que a maioria das pessoas é incapaz de se concentrar na consciência dentro delas ou do universo. Elas são mais facilmente capazes de direcionar as orações para Alá, Deus ou Jesus e obter resultados semelhantes.

Os antigos egípcios também usavam a personalização da consciência universal para ajudá-los a direcionar suas orações para seus resultados. Eles foram além de um único deus e se concentraram nos vários aspectos que Deus incorpora. Ao personalizar cada aspecto, eles encontraram uma maneira de separar suas necessidades em deuses e deusas individuais que refletiam o que eles gostariam de experimentar ou ver alcançado em suas vidas. Dessa forma, eles puderam direcionar suas orações para o deus ou a deusa específicos que incorporavam os princípios particulares que buscavam. Isso permitiu que eles se concentrassem nas áreas específicas em que precisavam melhorar.

Você também pode usar essa abordagem para ajudar em sua vida de oração e no processo de manifestação. Quando você reconhece os deuses e deusas responsáveis pela área da sua vida para a qual gostaria de trazer crescimento, pode se concentrar nos princípios que essas divindades incorporam. Quando você combina isso com o conhecimento dos princípios herméticos, sua capacidade de alcançar o resultado desejado é aprimorada devido à sua capacidade de fazer um pedido mais preciso. Isso equivale a fazer uma oração focada. Em vez de orar a Deus pedindo boa vontade geral em sua vida, você pode orar ao deus que o ajuda a superar o ego. Dessa forma, você pode usar o princípio da mentalidade para orientar sua capacidade de se concentrar. Ao fazer isso, você se envolverá com a consciência universal e, assim, realizará as mudanças que busca.

A ciência continua a nos fornecer evidências da interconexão entre toda a realidade. A redescoberta do átomo e de suas partes componentes revelou que essas são as partículas minúsculas que formam todos os componentes da realidade. Esse conhecimento mudou a maneira como olhamos para toda a matéria física. O fato de que o átomo pode ser dividido para criar uma poderosa explosão criou uma consciência do imenso poder que reside dentro das células de cada pessoa.

A física quântica dividiu ainda mais esses átomos em elétrons, quarks e nêutrons, cujos estados podem ser afetados pela simples observação. Para afetar o estado do objeto, o observador precisa ter uma intenção ou uma expectativa em relação ao objeto. O que a teoria quântica nos diz é que, antes de um objeto existir no mundo real, ele vive em um estado de potencial. Ele pode expressar seu potencial como uma onda ou uma partícula e, uma vez que esse potencial tenha sido expresso, ele não pode ser revertido. O momento da existência é precedido por uma intenção que coincide com uma observação. A intenção do observador, portanto, determina se uma partícula permanecerá uma partícula ou se tornará uma onda. Com isso, aprendemos que o que você tem em sua mente na forma de intenções pode afetar o resultado de um evento observado. Esse é o início do princípio do mentalismo em ação.

Essas partículas minúsculas também podem influenciar umas às outras quando não estão muito próximas umas das outras. Como esse conceito foi mais explorado pela comunidade não científica, a aplicação do conhecimento resultante passou do âmbito científico para o espiritual. Como resultado, vimos profissionais como o Dr. Joe Dispenza usar a teoria quântica como ferramenta para orientar a manipulação da existência de um indivíduo ao trabalhar com o campo de informações (Dispenza, 2021). Ao reconhecer o poder da observação e da intenção, Dispenza nos incentiva a manter pensamentos e emoções positivos se quisermos ter resultados positivos em nossas vidas. Sua crença de que é possível influenciar o ambiente aproveitando o poder da mente tem sido cada vez mais repetida por vários líderes espirituais e de pensamento.

Na base desses novos ensinamentos está a crença na existência de uma consciência universal. Acredita-se que essa consciência conecta toda a matéria viva, inclusive cada ser humano. Portanto, cada pessoa precisa entender que pode aproveitar o poder dessa consciência universal adotando uma mentalidade positiva e, assim, elevando sua vibração para que se assemelhe a uma frequência mais próxima de uma onda (o campo de informações) do que de uma partícula (matéria).

Adotar uma mentalidade positiva garantirá que você manifeste resultados positivos em sua vida. Por outro lado, o foco em experiências negativas resultará em cenários de vida mais negativos. A razão para isso é que a consciência universal responde às nossas emoções como um guia para o que gostaríamos de vivenciar. Em seguida, ela nos proporciona mais experiências que estão alinhadas com a energia e a emoção com as quais fizemos nosso pedido. Portanto, as emoções que você experimenta com mais intensidade guiarão sua vida na direção dos pensamentos que influenciam essas emoções. Essa é uma das razões pelas quais é necessário manter a paz interior dentro de você observando o Princípio Kemético de Ma'at. Quando estiver vivendo em Ma'at e fizer seus pedidos a partir desse nível de paz, você receberá mais experiências que geram esse sentimento em sua vida.

Portanto, concluímos que nosso envolvimento com o mundo ao nosso redor pode ser influenciado por nossa intenção aliada às nossas emoções. Foi assim que o princípio persistiu, confirmando para nós, milhares de anos depois, que "o universo é mente".

O PRINCÍPIO DA CORRESPONDÊNCIA

O princípio da correspondência é incorporado na linha "como é acima, é também abaixo" e pode ser expandido para "como é dentro, também será assim fora" (Atkinson, 1908).

O acima se refere às coisas que governam o universo, enquanto o abaixo se refere às experiências individuais. Elas são reflexos uma da outra. Isso se origina da crença de que o universo é um holograma. Se você já viu um holograma, deve ter percebido que cada componente de um holograma é uma réplica do holograma geral. Na seção anterior, discutimos como os átomos são os blocos de construção de toda a matéria estrutural que forma o universo. Entretanto, se observarmos como os átomos individuais se comportam, descobriremos que, ao dividir um único átomo, criamos uma energia que tem o potencial de destruir uma cidade ou fornecer eletricidade a essa mesma cidade. Isso decorre do processo de expansão contínua que ocorre quando o átomo é dividido. A expansão contínua da célula individual é semelhante ao que está acontecendo atualmente com o nosso universo, que está se expandindo continuamente. Portanto, o minúsculo átomo, que é um bloco de construção do universo, tem o mesmo potencial de expansão contínua que o próprio universo.

Quando nos afastamos do comportamento desse átomo e observamos o universo graficamente, encontramos um holograma incrível. O universo se parece com a célula cerebral humana. Essa é uma representação incrível da lei da correspondência. A imagem do cérebro do universo que controla o cosmos é refletida na célula cerebral humana que controla nossos mundos internos.

Esse princípio, no entanto, vai além da aparência do cérebro e afirma que suas circunstâncias individuais refletem o que está acontecendo no universo.

Essa crença se reflete na prática da astrologia, que baseia sua existência nesse princípio. A astrologia propõe que o estado do universo no momento de seu nascimento é um reflexo da vida que você terá. Outras práticas que usam esse conceito do macrocosmo sendo refletido no microcosmo são aquelas que praticam a adivinhação por meio de uma pergunta ao mesmo tempo em que uma ação é realizada. Isso ocorre com o I Ching chinês, que usa moedas numeradas da mesma forma que os espiritualistas africanos tradicionais usavam ossos, pedras e outros itens para prever o futuro. Eles baseiam suas adivinhações na crença de que o momento em que você faz uma pergunta e joga as moedas, ossos, pedras etc., cria uma coincidência divina entre a pergunta e a resposta (Beitman, 2017). A resposta é refletida nos itens que são lançados e, ao interpretar a disposição desses itens, você pode decifrar a resposta à sua pergunta. Isso ocorre porque o reino espiritual do qual emana sua pergunta terá sido refletido no reino físico, conforme representado pelos itens lançados.

Deepak Chopra chega a afirmar que todas as coincidências são significativas e que precisamos estar cientes da sincronicidade entre os eventos que ocorrem juntos (Chopra, 2004).

Isso significa que, se quiser entender o mundo ao seu redor, você precisa entender a si mesmo como indivíduo, pois você é um reflexo do seu ambiente. Da mesma forma, se quiser mudar seu ambiente, trabalhe para mudar a si mesmo e depois observe seu ambiente para ver como ele reflete as mudanças que você fez. Isso ocorre devido à sincronicidade que existe entre as duas entidades amplamente diferentes, porém conectadas.

O PRINCÍPIO DA VIBRAÇÃO

Nada descansa; tudo se move; tudo vibra (Atkinson, 1908).

As observações modernas da ciência concluíram que não são apenas as partículas de gás que vibram. A vibração é um fenômeno que ocorre em todos os itens físicos. A diferença entre os itens que parecem diferentes, apesar de terem uma composição química semelhante, como sólidos, líquidos e gases, deve-se à velocidade com que vibram.

Quando analisamos a história da criação kemética à luz desse princípio, podemos entender a sabedoria de porque ela começa com as águas de Nun. Essas águas eram uma indicação de potencialidade pura que era capaz de se mover facilmente entre estados. A água é fácil de observar quando se move entre vários estados. Ela tem uma forma vibracional densa chamada gelo.

ESPIRITUALIDADE KEMÉTICA

Quando passa para uma manifestação vibracional mais elevada, torna-se gás.

Dessa forma, ao observar os diferentes estados da água, entendemos como a taxa de vibração pode influenciar o estado de um objeto. No entanto, há cem anos, os cientistas não estavam cientes do fato de que tudo vibra. Eles presumiam que os sólidos eram sólidos e que nada poderia permeá-los. Naquela época, o princípio da vibração era uma realidade apenas para um pequeno grupo de pessoas conhecedoras que nos transmitiram essas informações ao longo dos tempos.

A física quântica novamente nos permitiu ver que todos os itens são compostos de pequenos átomos vibratórios. Compreendemos que uma poltrona é um conjunto de átomos densamente compactados que vibram em um ritmo mais lento do que os itens de vibração mais alta.

Isso pode se aplicar a tudo o que você vê. Tudo é energia que foi condensada em uma forma física por meio da taxa de vibração. Para que os itens interajam diretamente uns com os outros, eles precisam estar vibrando na mesma frequência. A frequência pode tornar esses itens gases, líquidos ou sólidos. Até mesmo os sólidos podem trocar átomos com representações de outros estados, como pode ser visto no fenômeno de um par de shorts branco que fica manchado de grama verde. Imagine uma criança brincando ao ar livre usando um par de shorts brancos limpos enquanto chuta uma bola. A criança cai na grama, derrapando um pouco para frente no processo. Quando ela se levanta, há uma mancha verde em seu short branco. De alguma forma, houve uma transferência de átomos da grama para o calção, resultando na mancha de grama no calção. Esse é um exemplo simples da transferência de átomos entre dois itens sólidos.

53

O PRINCÍPIO DA POLARIDADE

"Tudo é dual; tudo tem dois polos; tudo tem seu par de opostos; semelhante e diferente são a mesma coisa; os opostos são idênticos em natureza, mas diferentes em grau; os extremos se encontram; todas as verdades são apenas meias verdades; todos os paradoxos podem ser reconciliados" (Atkinson, 1908).

Esse princípio considera tudo como extremos de medição entre itens específicos. Por exemplo, amor e ódio são apenas medidas de um único fator, e não dois fatores separados. Esse conceito pode ser aplicado a tudo. Ao compreender o princípio da polaridade, é possível passar de um extremo a outro identificando o que está sendo medido e seguindo o método de medição.

Esta é uma maneira fácil de entender a aplicação desse princípio. Considere as ações que devem ser tomadas para aquecer um cômodo. A necessidade disso surge quando você precisa mudar a temperatura de fria para quente. O frio não é o que está sendo medido ou alterado. O que está sendo ajustado é a temperatura. Da mesma forma, tudo pode ser ajustado para seu oposto polar. O que você precisa fazer é entender o que precisa ser ajustado e como. Portanto, quando você mede a alegria, ou você a tem em abundância ou em quantidades negativas, o que chamamos de tristeza ou depressão. Para viver uma vida em que a alegria seja abundante, você precisa entender como ajustar seu barômetro emocional para que a leitura da alegria aumente. Isso pode ser aplicado a tudo o que você vivencia na vida. Quando você leva isso em consideração, torna-se mais uma ferramenta no kit de ferramentas que você usa para mudar sua vida.

De uma perspectiva diferente, isso também significa que, se você se encontrar em uma situação que não lhe convém, tenha

ESPIRITUALIDADE KEMÉTICA

certeza de que existe o oposto polar da situação. Você precisa encontrar o método de medição e, em seguida, começar a fazer as mudanças necessárias que produzirão o oposto polar da situação. Um dos métodos usados para trazer estados opostos é o uso de afirmações. O uso de afirmações positivas pode mudar sua mentalidade e seu ambiente ao longo do tempo de uma implementação negativa para uma positiva. O uso de afirmações é feito para substituir a evidência de seu ambiente físico. Ao usar frases que descrevem o oposto polar da situação que você enfrenta, você reconhece o fato de que a situação da qual está falando existe. Você reconhece que todo estado tem um oposto polar e chama o outro estado para a sua existência por meio do princípio da correspondência. Você fala do estado desejado como se ele existisse e, "como acima" em sua declaração afirmativa, ele começará a se refletir "como abaixo" em sua realidade vivenciada.

O PRINCÍPIO DO RITMO

Tudo flui, para fora e para dentro; tudo tem suas marés; todas as coisas sobem e descem; a oscilação do pêndulo se manifesta em tudo; a medida da oscilação para a direita é a medida da oscilação para a esquerda; o ritmo compensa (Atkinson, 1908).

Isso indica que há uma tendência de as coisas, como eventos e circunstâncias, fluírem em uma determinada direção. Entretanto, depois de algum tempo, elas mudarão de direção e voltarão a fluir na direção oposta. Portanto, se as circunstâncias não estiverem alinhadas com a direção escolhida, você pode praticar a paciência enquanto se prepara para uma mudança de circunstâncias. As circunstâncias mudarão, mas você precisará estar preparado para quando isso acontecer, para que possa tirar proveito delas.

Um exemplo simples disso é um fazendeiro que gostaria de plantar algumas abóboras. Se ele fizer isso no meio do inverno, é improvável que essas sementes cresçam e muito menos que deem uma colheita. No entanto, há coisas que ele pode fazer para se preparar para o verão, quando o clima será propício para uma safra abundante de abóboras. Ele pode encontrar a semente certa, preparar o solo e certificar-se de que o suprimento de água esteja funcionando. Ele também pode começar a plantar mudas dentro de casa para ter uma vantagem sobre os outros agricultores da região, o que lhe permitirá colher e vender suas abóboras no início da temporada, antes que o mercado de abóboras fique saturado. Isso resultará em grande sucesso para o agricultor.

No entanto, o sucesso do agricultor não ocorrerá por acaso. Ele terá sido resultado de uma observação cuidadosa. Isso requer o acompanhamento das estações e o conhecimento das condições ideais para o cultivo de abóboras. Mesmo no meio do inverno, quando as condições de crescimento são as piores possíveis, ele acredita que as estações mudarão. Ele acredita que o clima mudará e que, um dia, estaremos no meio do verão. Seu conhecimento da mudança das estações e dos ciclos agrícolas o faz saber que o meio do verão é uma época em que será tarde demais para plantar suas abóboras. Portanto, o agricultor se prepara e aguarda o inverno até que o clima seja ideal para suas necessidades.

Os surfistas também entendem esse conceito. Eles estão dispostos a nadar até o mar e esperar pela última onda que possam surfar até a costa. Eles não surfam todas as ondas, pois algumas são pequenas demais para causar impacto. No entanto, por estarem na posição certa e esperando, estão vivendo em um estado de crença de que a onda certa virá. Quando a onda certa chegar, o surfista se moverá para ficar em uma posição que lhe permita tirar vantagem da onda e, assim, surfá-la até a costa.

O que aprendemos com isso é que nós também devemos ser como os surfistas ou o fazendeiro de abóboras. Precisamos nos posicionar em um lugar onde possamos tirar proveito das mudanças nas circunstâncias quando elas ocorrerem. Isso significa que devemos estar preparados, atentos e aptos a agir imediatamente quando a oportunidade se apresentar. Não fazer isso pode significar que, se formos surfistas, perderemos a onda grande e acabaremos tendo de surfar uma onda menor até a praia. Se formos agricultores, isso pode significar colher abóboras apenas uma vez na temporada, em vez de duas.

Outra maneira de ver isso é que você pode optar por seguir o caminho de menor resistência sendo observador e aproveitando o tempo e a energia que estão disponíveis.

O PRINCÍPIO DA CAUSALIDADE

Toda causa tem seu efeito; todo efeito tem sua causa; tudo acontece de acordo com a lei; o acaso é apenas um nome para a lei não reconhecida; há muitos planos de causalidade, mas nada escapa à lei (Atkinson, 1908).

Toda ação que realizamos tem uma consequência; portanto, precisamos realizar as ações corretas se quisermos alcançar os resultados que desejamos. Da mesma forma, precisamos estar cientes do potencial de consequências não intencionais e tentar evitar ações que possam levar a elas.

De uma perspectiva científica, isso foi consagrado na terceira lei da física de Newton, que afirma que toda ação tem uma reação igual e oposta. Podemos observar isso na física quando vemos uma bola de tênis batendo contra uma parede. A parede não cede e permite que a bola passe por ela. Em vez disso, a bola volta da parede com velocidade e impacto iguais ou semelhantes àqueles com que se aproximou da parede. Quando consideramos o fato de que toda matéria é composta de energia vibratória, somos convidados a incluir a consciência universal nessa equação.

Considerar a consciência significa que o impacto de forças opostas pode ser aplicado não apenas às nossas ações, mas também aos nossos pensamentos e emoções. Portanto, se você odeia o futebol com veemência, a ponto de rejeitá-lo com veemência, é provável que encontre o futebol mais vezes em sua vida do que se não tivesse nenhuma emoção em relação a ele. Isso ocorre porque suas emoções são como jogar uma bola de futebol na parede do universo, e o universo devolverá a você o que você está jogando nela. Portanto, você receberá mais futebol.

Da mesma forma, se você sorrir para estranhos na rua, é mais provável que eles sorriam de volta para você. Você está recebendo o que está distribuindo. Sua ação, que é a causa, está recebendo seu efeito, que é o resultado da ação. O que você recebe de volta é equivalente ao que você dá.

Esse princípio foi consagrado em várias religiões como a lei da semeadura e da colheita, que afirma que você colherá o que semear, ou a lei do carma, que afirma que suas ações serão devolvidas a você. Alguns textos afirmam que você colherá em múltiplos, da mesma forma que um agricultor que semeia uma semente de milho colherá várias espigas com algumas centenas de sementes. Portanto, esses textos afirmam que o impacto de suas ações é multiplicado quando retornam a você.

Esse é um princípio universal que não devemos ignorar se quisermos ter resultados agradáveis na vida. Precisamos estar

ESPIRITUALIDADE KEMÉTICA

conscientes do potencial de semear sementes ruins. Portanto, se nos encontrarmos envolvidos em práticas que não queremos que tenham um impacto negativo no futuro, precisamos fazer o máximo para lidar com elas e corrigi-las de modo a neutralizar o impacto potencial do carma negativo futuro.

Às vezes, ficamos surpresos ao colher boas sementes de maneira inesperada. Nessas ocasiões, devemos nos alegrar pelo fato de que, em algum momento no passado, semeamos uma boa semente que finalmente está frutificando e pronta para a colheita.

O PRINCÍPIO DE GÊNERO

O gênero está em tudo; tudo tem seus princípios masculinos e femininos; o gênero se manifesta em todos os planos (Atkinson, 1908).

A criatividade surge como resultado da interação entre os aspectos masculino e feminino. Isso envolve a doação de uma semente e o recebimento de uma semente em circunstâncias que permitam que ela seja nutrida por um período de gestação frutífero. A semente que você planta pode ser tempo, dinheiro ou seu esforço físico. Essa semente precisa ser plantada em solo fértil e regada para que dê frutos.

Imagine que você é um artista e tem uma ideia (uma semente) que depois coloca em uma tela. Ao cultivar essa tela com a adição de várias camadas e cores de sua paleta de tintas, você acabará obtendo resultados. Esses resultados terão a forma de uma bela pintura que será apreciada por outras pessoas.

Toda pessoa tem traços masculinos e femininos dentro de si, independentemente de ser biologicamente homem ou mulher. É a atividade que está sendo realizada pelo indivíduo que determina se os traços exibidos são masculinos ou femininos. Traços como criatividade e receptividade tendem a ser femininos, enquanto lógica e liderança são traços masculinos. Esses traços funcionam melhor quando operam juntos. Os traços apoiam uns aos outros. A criatividade precisa de orientação, e a liderança requer algo para liderar.

A capacidade de apresentar essas características é evidente não apenas nas pessoas, mas também em eventos e objetos. Por exemplo, eventos que resultam em novas direções demonstram energia masculina, enquanto eventos que nutrem e desenvolvem sociedades são de natureza feminina.

Isso precisa ser reconhecido em todos os aspectos e em todos os planos de existência. Quando você entende o gênero de um evento, organização ou objeto, isso pode orientar a forma como você interage com ele. Como o gênero é a base da criatividade e da regeneração, é benéfico aplicar o conhecimento dos gêneros durante o processo de criação. Isso significa que, dependendo do gênero com o qual você se depara, você pode optar por direcionar ou nutrir o evento. Isso permitirá que a criação ocorra.

Nossas faculdades mentais como seres humanos também são vistas como tendo traços masculinos e femininos. Isso é visto na existência de uma mente consciente e uma mente subconsciente. Enquanto a mente consciente absorve novas informações, a mente subconsciente usa as informações existentes para se envolver nas atividades diárias e tomar decisões inconscientes. Para criar novos resultados, tanto a mente consciente quanto a subconsciente precisam estar envolvidas. A função da mente subconsciente é cuidar das atividades diárias, como a respiração e a digestão dos alimentos. Você faz essas coisas sem pensar. A mente subconsciente também permite que ocorram grandes mudanças sem que você esteja ciente delas em um nível consciente. A maneira como a mente subconsciente faz isso é garantindo que você permaneça consistente nas decisões que toma diariamente de acordo com seus sistemas de crenças predominantes. De acordo com o livro *The Power of The Subconscious Mind* (*O Poder da Mente Subconsciente*), de Joseph Murphy, você pode optar por influenciar sua mente subconsciente alimentando-a ativamente com novas informações e crenças. Se fizer isso com persistência durante um período de tempo, você estará efetivamente usando as características masculinas do seu cérebro para influenciar as características femininas. Isso resultará na criação de um novo paradigma e de uma nova realidade para você.

Do ponto de vista comercial, se você for um artista, trabalhará melhor com energias masculinas que possam orientá-lo em direções que levem ao crescimento do seu trabalho artístico por meio do aumento das vendas, enquanto você se concentra na sua criatividade. Nesse caso, a criatividade é uma energia feminina e requer energia masculina para crescer. Se você é uma pessoa de negócios com uma ótima estratégia e visão de futuro, talvez descubra que não consegue levar essa estratégia adiante sem incluir pessoas com energias e perspectivas criativas em seu negócio. Essas pessoas pegarão sua estratégia de negócios e usarão sua criatividade para dar vida a ela, fazendo a ideia crescer de uma semente até seu potencial máximo.

Portanto, para que o sucesso ocorra, as energias masculina e feminina precisam ser otimizadas por meio de uma contribuição equilibrada de ambos os lados.

Por meio da visualização dos princípios herméticos, vimos como a ciência praticada no antigo Kemet não se perdeu para a humanidade. Ela foi preservada ao longo dos tempos e reforçada por meio de descobertas científicas que ocorreram no último século. Como resultado, a humanidade está se dando conta de que podemos ter um impacto maior em nossos destinos individuais do que inicialmente acreditávamos ser possível. Tudo o que precisamos fazer é entrar em contato com a consciência universal com a ajuda das sete leis herméticas.

Para ajudá-lo ainda mais a acessar essa consciência, seria benéfico reservar um tempo diário para refletir sobre os princípios herméticos e o que cada um deles significa. Depois de memorizá-los todos, comece a pensar em maneiras pelas quais esses princípios podem ser aplicados em sua vida. Anote suas circunstâncias atuais em comparação com as circunstâncias que você gostaria de criar. Identifique os métodos que você pode usar para obter as consequências pretendidas. Anote esses métodos e tome medidas simples diariamente para ajudá-lo a implementar esses métodos. Com o tempo, compare sua vida com a atual e determine quais mudanças ocorreram como resultado da implementação das leis como meio de alcançar seus desejos.

TEFNUT

ASTROLOGIA KEMÉTICA E UMA COMPREENSÃO MAIS PROFUNDA DOS TIPOS DE PERSONALIDADE QUE HABITAM ESTE MUNDO

Há 12 signos estelares na astrologia kemética. Ao contrário da astrologia ocidental, eles não são distribuídos consecutivamente em 12 partes do ano. Em vez disso, eles dividem o ano em 36 partes iguais, chamadas de *decanatos*, que dividem os 360 dias do ano egípcio. O ano tinha 120 dias em cada uma de suas três estações. Cada estação continha quatro meses de 30 dias cada. Um mês bônus de cinco dias era adicionado a cada ano para contabilizar os dias adicionais da revolução da Terra em torno do sol. Esses dias eram usados como dias de comemoração e faziam com que os dias reais marcados pelos antigos egípcios chegassem a 365. O calendário representado dessa forma circular foi visto pela primeira vez no teto de um templo egípcio de Hathor, no que agora ficou conhecido como "O Zodíaco de Dendera".

Esse calendário de Dendera utilizava a astrologia com base na Lei Hermética da Correspondência: " o que está em cima é como o que está embaixo ". Assim, ele expôs a crença kemética de que as ocorrências na Terra são refletidas nos movimentos dos corpos celestes. A aplicação moderna disso está na forma de sinais astrológicos, que nos acostumamos a ver em jornais e revistas. Dessa forma, a prática kemética sobreviveu ao longo dos tempos devido à sua adoção pelos gregos, que posteriormente a adaptaram para um mercado eurocêntrico. A familiaridade de identificar a data de aniversário de uma pessoa de acordo com um signo estelar tornou-se um método popular e aceito para ajudar a definir arquétipos de personalidade. Esse método de definição de personalidades usa métodos semelhantes aos que eram usados no Egito antigo.

Os antigos egípcios também usavam observações astrológicas para prever corretamente os principais eventos, como a inundação anual do Nilo. Esse era um evento importante para eles, pois precedia a estação agrícola e definia os processos que deveriam ser seguidos pelo resto do ano. Portanto, saber que a estação das cheias estava se aproximando dava a eles tempo suficiente para se prepararem para o plantio. Tendo usado o método astrológico com sucesso na agricultura, era, portanto, lógico e científico usar observações semelhantes para prever eventos na vida dos indivíduos.

O calendário astrológico kemético ainda pode ser usado atualmente. Ao identificar a correlação entre os deuses e deusas e suas representações nas constelações em várias épocas do ano, podemos prever e interpretar eventos. De acordo com Cyril Fagan, que era membro da *Royal Astronomical Organization* da Inglaterra em 1798, a astrologia kemética foi a precursora da astrologia moderna (Afrikaiswoke, 2021). A astrologia moderna ainda segue a atribuição de signos estelares a indivíduos no nascimento. Isso é feito de acordo com a constelação que estava em destaque no momento do nascimento. De uma perspectiva kemética, o importante são os tipos de personalidade dos deuses e deusas que são indicados na época do nascimento. Eles revelam os tipos de personalidade e as expectativas que podemos ter em relação ao indivíduo ou ao evento que nasceu naquele momento.

Em ordem alfabética, os signos estelares keméticos são Amun Ra, Anúbis, Bastet, Geb, Hórus, Ísis, Mut, Osíris, Sekhmet, Seth, o Nilo ou Satis e Thoth.

ENCONTRANDO SEU SIGNO

Para identificar qual signo estelar estava em vigor no momento de seu nascimento, use a tabela abaixo. A primeira coluna indica um intervalo de dias. Nessa coluna, você precisa identificar os dias em que seu aniversário cai. Na mesma linha, a tabela indica seu signo estelar de acordo com o intervalo de dias em que você nasceu. A terceira e última coluna indica quais signos são compatíveis com seu signo. Portanto, a leitura ao longo da linha lhe dará uma indicação tanto do seu signo quanto dos signos estelares com os quais ele é compatível.

Janeiro 1-7	Nile/Satis	Amun-Ra, Set
Janeiro 8-21	Amun Ra	Nile/Satis, Hórus
Janeiro 22-31	Mut	Amun Ra, Thoth
Fevereiro 1-11	Amun Ra	Nile/Satis, Hours
Fevereiro 12-29	Geb	Set, Hórus
Março 1-10	Osiris	Isis, Thoth
Março 11-31	Isis	Thoth, Osiris
Abril 1-19	Thoth	Bastet, Isis
Abril 20 - Maio 7	Hórus	Bastet, Geb
Maio 8-27	Anúbis	Bastet, Isis
Maio 28- Junho 18	Seth	Geb, Nile/Satis
Junho 19-28	Nile / Satis	Amun-Ra, Seth
Junho 29- Julho 13	Anúbis	Bastet, Isis
Julho 14-28	Bastet	Sekhmet, Hórus
Julho 29- Agosto 11	Sekhmet	Bastet, Geb
Agosto 12-19	Hórus	Bastet, Geb
Agosto 20-31	Geb	Set, Hórus
Setembro 1-7	Nile / Satis	Amun-Ra, Set
Setembro 8-22	Mut	Amun-Ra Thoth
Setembro 23-27	Bastet	Sekhmet, Hórus
Setembro 28 - Outubro 2	Seth	Geb, Nile/Satis
Outubro 3-17	Bastet	Sekhmet, Hórus
Outubro 18-29	Isis	Thoth, Osiris
Outubro 30 - Novembro 7	Sekhmet	Bastet, Geb
Novembro 8-17	Thoth	Bastet, Isis
Novembro 18-26	Nile / Satis	Amun-Ra, Seth
Novembro 27- Dezembro 18	Osiris	Isis, Thoth
Dezembro 19-31	Isis	Thoth, Osiris

Figura 1

TIPOS DE PERSONALIDADE ASTROLÓGICA

O tipo de personalidade associado a cada signo é um reflexo do elemento, deus ou deusa que o signo representa. Aqui examinaremos cada signo identificando os corpos celestes que influenciam esses signos, bem como os traços de personalidade que cada signo apresenta. A identificação dos corpos celestes é importante devido ao fato de que os traços de personalidade individuais se tornam mais pronunciados quando esses corpos celestes estão localizados em uma constelação específica no céu. Da mesma forma que a astrologia ocidental pode observar os efeitos das configurações planetárias, como, por exemplo, o fato de Marte estar em Áries pode afetar a vida dos nascidos no signo de Áries, essa consciência também pode ser usada na astrologia kemética.

Para se beneficiar do conhecimento que está disponível para você nestes tempos modernos, primeiro é preciso entender como os signos modernos correspondem aos signos da mitologia kemética. Ao consultar as páginas e os sites de astrologia, você pode procurar informações que digam em que signo estelar um determinado planeta ou corpo celeste está localizado no momento. Ao entender em qual signo estelar você nasceu, em conjunto com os planetas que afetam esses signos, você pode reagir às situações de forma diferente. Você pode planejar seus eventos importantes para os momentos em que os planetas que apoiam o seu signo estiverem ativos no céu noturno. Você também pode ter uma visão melhor de sua personalidade e de como se relacionar com os outros.

Ao adquirir o hábito de ler informações relacionadas à constelação em que determinados planetas estão localizados em um determinado momento, você descobrirá que os signos estelares ocidentais atualmente nomeados nem sempre correspondem a todos os momentos em que suas constelações são dominantes no céu. A maneira como a astrologia kemética repete os signos estelares em diferentes intervalos ao longo do ano é um indicador melhor das atividades que ocorrem nos céus noturnos do que um agrupamento astrológico simplificado que cobre vagamente um mês de cada vez. A seção abaixo fornece uma visão de como os signos estelares ocidentais correspondem aos signos estelares keméticos. Em seguida, haverá uma seção que examina os planetas benevolentes de cada signo e como eles afetam os tipos de personalidade das pessoas ou eventos nascidos sob esses signos. Observe que as correspondências abaixo não estão relacionadas ao seu aniversário e ao signo relacionado, mas devem ser usadas como uma forma de interpretar afirmações como "Vênus está em Sagitário" em sua própria vida. Se Sagitário é Hapi, então, se você nasceu sob o signo kemético de Hapi, isso terá impacto sobre você. Entretanto, ser do signo de Sagitário não significa ter nascido sob o signo de Hapi. É aconselhável usar a tabela da seção anterior se quiser saber em qual signo kemético você se enquadra. Os intervalos de datas para cada signo são de algumas semanas em diferentes épocas do ano; portanto, você precisa mapear sua data de nascimento para o seu signo específico se quiser obter o máximo benefício das informações fornecidas.

CORRESPONDÊNCIA ENTRE NOMES DE CONSTELAÇÕES

- Se Aquário for a constelação dominante, então o signo estelar kemético efetivo é Sekhmet.

ESPIRITUALIDADE KEMÉTICA

- Se Áries for a constelação dominante, então o signo estelar kemético efetivo é Osíris ou Ausar.
- Se Câncer for a constelação dominante, então o signo estelar kemético efetivo é Bastet.
- Se Capricórnio é a constelação dominante, então o signo estelar kemético efetivo é Hórus.
- Se Gêmeos é a constelação dominante, então o signo estelar kemético efetivo é Seth ou Set.
- Se Leão for a constelação dominante, então o signo estelar kemético efetivo é Anúbis.
- Se Libra é a constelação dominante, então o signo estelar kemético efetivo é Geb.
- Se Peixes for a constelação dominante, então o signo estelar kemético efetivo é Ísis ou Auset.
- Se Sagitário for a constelação dominante, então o signo estelar kemético efetivo é Hapi.
- Se Escorpião for a constelação dominante, então o signo estelar kemético efetivo é Mut.
- Se Touro é a constelação dominante, então o signo estelar kemético efetivo é Amun Ra.
- Se Virgem for a constelação dominante, então o signo estelar kemético efetivo é Thoth ou Djehuty.

PLANETAS BENEVOLENTES E SEUS TIPOS DE PERSONALIDADE

Esses são os tipos de personalidade de cada signo:

- Amun Ra é influenciado pelo Sol e por Saturno. Os nascidos sob esse signo são grandes líderes que

tomam decisões sábias. Eles têm uma abordagem otimista da vida e são confiantes e educados por natureza.
- Anúbis é influenciado por Mercúrio. Como Anúbis é o guardião do submundo, não é surpresa que as pessoas nascidas sob esse signo tenham personalidades introvertidas. Elas têm um lado criativo em suas personalidades, que tendem a expressar de maneira confiante e exploradora.
- Bastet é influenciado pelo Sol e pela Lua. Charmosos e afetuosos, os Bastet tendem a evitar conflitos devido à sua personalidade sensível. Eles confiam em sua intuição para guiá-las nesse aspecto. São profundamente leais e dedicados a seus parceiros.
- Geb é o deus da terra; portanto, os nascidos sob esse signo são influenciados pela terra. As pessoas nascidas sob esse signo são amigos fiéis e confiáveis. Podem ser vistas como excessivamente emotivas e sensíveis, entretanto, sua natureza aberta as torna atraentes para os outros. Podem parecer tímidas para aqueles que não são próximos a elas.
- Hórus é influenciado pela Lua e pelo Sol. As pessoas nascidas sob esse signo são líderes inspiradores, trabalhadores e motivadores. Sua coragem e otimismo são contagiantes, tornando seus exemplos ambiciosos fáceis de seguir.
- Ísis (Aset) é a deusa da natureza. Seu signo é influenciado pela Lua, Terra e Urano. Essas pessoas trabalham bem em equipe devido à sua natureza

direta e sociável. São honestas, com senso de humor e um toque romântico.
- Mut é influenciado pelo Sol. As pessoas nascidas sob esse signo são ótimos pais devido à sua natureza protetora e afetuosa. São bons líderes, pois são focados e orientados para objetivos, além de serem generosos e leais.
- Osiris (Asar) é influenciado por Plutão e pelo Sol. Os nascidos sob esse signo são muito determinados. Às vezes, isso pode ser percebido como agressivo e egoísta. No entanto, sua abordagem persistente e independente da vida faz com que sejam bons líderes, muitas vezes valorizados por sua inteligência e vulnerabilidade.
- Sekhmet é influenciado pelo Sol. As pessoas nascidas sob esse signo são consideradas como tendo personalidades duplas devido à sua natureza que oscila entre o espírito livre e a extrema disciplina. Essas pessoas têm um profundo senso de justiça e, se forem chamadas a usá-lo, o farão com precisão.
- Seth (Set) é influenciado por Marte. As pessoas de Set são perfeccionistas e gostam de ser o centro das atenções. Suas personalidades arrojadas os empurram para situações desafiadoras que lhes permitem brilhar ainda mais.
- Nilo (Satis) é influenciado pela Lua e por Urano. As pessoas nascidas sob esse signo são consideradas intuitivas em decorrência de sua grande capacidade de observação. É um signo que ama a paz e evita discussões. Os nascidos sob o signo do Nilo

demonstram grande sabedoria com base em sua capacidade de exercitar a lógica.
- Thoth é influenciado pela Lua e por Mercúrio. Como o deus que inspira o signo, as pessoas nascidas sob esse signo são sábias e gostam de aprender. Em constante busca de aperfeiçoamento, essas pessoas tendem a ser corajosas, enérgicas e inventivas. Thoth é considerado um signo muito romântico. Conhecer o seu signo e os signos com os quais ele é compatível facilitará a tomada de decisões sobre como se relacionar com pessoas diferentes. Isso o ajudará a entendê-las melhor e a saber quais traços de personalidade devem ser aproveitados nas parcerias comerciais e pessoais.

Você pode usar essas informações para ajudá-lo a decidir quais são as melhores datas para realizar determinadas atividades. É aconselhável escolher dias que sejam compatíveis com seus signos estelares o máximo possível. Se não for possível selecionar a data de um evento, você ainda poderá aproveitar ao máximo a experiência do evento. Ao examinar a data e o signo associado ao evento, você pode entender o tipo de personalidade da ocorrência e a melhor forma de se envolver com ela.

ASAR

A DIETA KEMÉTICA E COMO ELA PODE IMPULSIONAR SUA CONEXÃO ESPIRITUAL

"Você é o que você come". A verdade desse ditado pode ser encontrada ao observarmos as pessoas ao nosso redor. Veremos nelas não apenas a evidência física dos alimentos que ingerem, mas também os impactos emocionais e psicológicos que esses alimentos têm.

Outro ditado popular, "Que seu alimento seja seu remédio", reflete a vida que devemos nos esforçar para viver. Ele também é um indicativo da vida que a maioria dos iniciados vivia no antigo Kemet, enquanto se dedicavam à vida cotidiana, alinhando-se com as leis de Ma'at e tirando seu sustento do meio ambiente.

Eles estavam em vantagem em relação a nós hoje, pois seu ambiente facilitava a adoção de uma dieta saudável e equilibrada que os sustentava e nutria. Os alimentos que eles comiam não eram processados e estavam em sua forma mais natural. Isso assegurava que eles recebessem a quantidade máxima de energia divina de seus alimentos.

A energia que chega à Terra vem do sol - Ra. As plantas

absorvem essa energia solar por meio do processo de fotossíntese e a convertem em alimento. Quando os animais comem plantas, eles absorvem a energia do sol das próprias plantas. Ao comer animais, os seres humanos estão tentando obter energia de uma fonte que está a três passos de distância do doador de energia para a Terra. A digestão desse alimento exige que usemos mais energia para acessar o suprimento limitado fornecido por essas fontes animais. No decorrer dos acontecimentos, também desenvolvemos doenças que estão ligadas ao processamento desses alimentos. A causa de tais doenças é que nosso corpo não foi projetado inicialmente para processar esses alimentos. Alguns dos alimentos são tóxicos para nós, enquanto outros permanecem em nosso trato digestivo por tanto tempo que se tornam rançosos e começam a apodrecer dentro do corpo, enquanto o intestino tenta expulsar os restos. A falta de fibras digestivas nos alimentos refinados que consumimos dificulta a realização dessa tarefa pelo organismo. Com o tempo, os resíduos em nossos tratos digestivos se acumulam, resultando em doenças. Como a ligação entre o cérebro e o intestino grosso é formada pelo nervo vago, a doença em seu intestino tem um impacto direto em suas emoções, saúde mental e vitalidade. Os micróbios produzidos no intestino têm um impacto direto no sistema imunológico implicando na inflamação.

A DIETA *urbana moderna (ou ocidental padrão) e suas armadilhas*

Nossa dieta moderna tem se afastado cada vez mais da natureza. Quando se trata de beber, muitos de nós tendem a consumir grandes quantidades de bebidas alcoólicas. Também consumimos bebidas com alto teor de cafeína, além de bebidas gaseificadas que foram adoçadas com adoçantes artificiais ou refinados. A ingestão de água pura geralmente é inexistente. Tudo isso leva a uma composição corporal e gastrointestinal muito ácida, que é vulnerável a doenças. Alguns dos efeitos do excesso de ácido no sistema digestivo incluem dores de cabeça, depressão, acne, cabelos e unhas quebradiços, pedras nos rins e redução da massa muscular. É claro que há pessoas que demonstram uma incrível força de vontade e atenção com relação ao consumo de alimentos. No entanto, ainda assim, devemos ficar atentos e vigilantes em relação a qualquer produto potencialmente prejudicial que possamos encontrar.

Diariamente, muitos de nós tendem a consumir *fast food*. Esses alimentos geralmente são ricos em carboidratos refinados e carne. As fontes de carne geralmente são alimentadas à força com fontes como a soja para engordá-las. Para ajudar ainda mais nesse processo, os animais são alimentados ou injetados com hormônios de crescimento. Isso acontece em ambientes superpovoados, o que leva à disseminação de doenças entre os animais. Como resultado, eles recebem antibióticos que acabam no corpo humano quando a carne é consumida. Os antibióticos desses animais em nossa corrente sanguínea resultam em resistência aos antibióticos com o tempo. O resultado é que, quando algumas pessoas ficam doentes, elas não são facilmente tratadas com antibióticos comuns, o que as torna mais suscetíveis a doenças e exige níveis tóxicos de produtos químicos e anticorpos para combater a doença. Além disso, a presença de antibióticos no trato digestivo serve para matar todos os micróbios benéficos que vivem no trato digestivo com o objetivo de ajudar no processo de digestão e equilibrar a flora intestinal. Isso deixa as pessoas vulneráveis ao crescimento excessivo de bactérias intestinais nocivas e à prevalência de doenças fúngicas causadas por organismos como a Cândida. O fast food geralmente não é servido com legumes ou saladas. A falta de verdura combinada com a natureza refinada dos carboidratos nos alimentos dificulta a passagem do alimento pelo sistema digestivo. Os alimentos geralmente têm baixo teor nutricional, o que exige que o corpo se esforce mais para absorver o valor nutricional dos alimentos. Com o tempo, essa dieta leva a doenças que se originam no trato gastrointestinal e se espalham para outras partes do corpo por meio do nervo vago.

A presença de alimentos não digeridos e em processo de fermentação no corpo faz com que os indivíduos se sintam lentos e deprimidos, levando a um aumento nos problemas de saúde mental entre aqueles que seguem esse tipo de dieta.

ALIMENTOS NO ANTIGO KEMET

Então, quais alimentos eram consumidos no antigo Egito? Todos os alimentos que eles comiam faziam parte do que hoje chamamos de dieta kemética? Se não, o que estava incluído na dieta kemética? E que alimentos temos consumido que deveríamos procurar minimizar ou eliminar de nossa dieta para alcançarmos a saúde ideal e o alinhamento com o divino dentro de nós?

Iniciados Espirituais

O Egito Antigo tinha cidadãos que desempenhavam diferentes papéis na sociedade. Os sacerdotes e sacerdotisas dos templos estavam se esforçando continuamente para viver na forma mais pura de alinhamento com Ma'at e com o propósito

ESPIRITUALIDADE KEMÉTICA

divino. Eles estavam no caminho espiritual. Portanto, a dieta que consumiam era puramente vegana, com uma dieta de alimentos crus que compunha grande parte de seu plano alimentar. Eles evitavam grãos como trigo e milho. Para eles, até mesmo leguminosas, como lentilhas e feijões, eram consideradas amido; portanto, os iniciados do templo não as consumiam. Em vez disso, procuravam comer alimentos o mais verdes possível, o que lhes permitia absorver toda a intensidade da energia do sol que havia sido capturada por meio da fotossíntese. De fato, a intenção deles ao escolher os alimentos era ser tão verde quanto Asar. Asar era um deus de cor verde que era a personificação de Rá. Eles acreditavam que, comendo alimentos verdes, poderiam praticar a teurgia imitando Asar. Esse plano de alimentação permitia que eles vivessem em um estado de consciência vibracional elevada, sem o peso do impacto da digestão de produtos de origem animal.

Como alguém que está lendo este livro por estar em um caminho espiritual, você também pode se beneficiar ao seguir a dieta dos sacerdotes e sacerdotisas dos templos. Isso permitirá que você viva em equilíbrio com a natureza. Entretanto, não é aconselhável mudar imediatamente de uma dieta urbana moderna para a dieta kemética que era seguida pelos iniciados. Para evitar que seu corpo apresente sintomas de abstinência e angústia, é melhor fazer mudanças graduais em sua dieta até atingir sua meta. Vamos descrever como fazer isso depois de analisarmos os alimentos que eram consumidos pela população em geral do antigo Egito. Você também deve sempre assumir a responsabilidade por sua própria dieta e bem-estar.

A POPULAÇÃO *em geral*

Os cidadãos comuns do Kemet seguiam principalmente uma dieta pescetariana ou flexitariana. A carne vermelha e as aves eram incluídas em sua dieta em pequenas quantidades, assim como o álcool. A dieta básica do Kemet era o pão. Esse era um complemento à sua dieta predominantemente vegetariana de legumes, verduras e frutas. Esses alimentos eram consumidos crus, e o costume de comer vegetais crus permanece até hoje.

A carne era consumida, embora não em grandes quantidades diárias como em nossa dieta moderna. A carne bovina era preparada por meio de cozimento ou secagem após a salga para fins de preservação. Ovelhas, cabras e, muito raramente, carne de porco eram consumidas com menos frequência do que a carne bovina. A partir da análise de restos mortais encontrados em múmias, descobrimos que a vida selvagem na forma de gazelas, hienas e camundongos também fazia parte da dieta.

As aves, como codornas, gansos, patos, perdizes, grous, pombos, pombas, flamingos, pelicanos e galinhas, eram preparadas assadas ou conservadas com o uso de sal e desidratação.

O peixe era o aspecto não vegetariano mais comum da dieta. Ele era consumido depois de assado. Como alternativa, era consumido em sua forma conservada, salgada e seca.

Produtos de origem animal, como ovos, leite e queijo de vacas e cabras, eram consumidos. O mel era usado como adoçante alimentar em vez dos adoçantes artificiais e refinados que usamos hoje.

O álcool era consumido na forma de cerveja e vinho.

Os vegetais que consumiam tinham um alto teor de leguminosas, com lentilhas e outros legumes formando a maior parte de sua dieta.

Uma olhada no local do sepultamento do rei Tutancâmon

ESPIRITUALIDADE KEMÉTICA

revela a grande variedade de alimentos vegetarianos que ele levou consigo para a vida após a morte e, portanto, os alimentos que consumiu durante sua vida. Esses alimentos incluíam amêndoas, figos, romãs, tâmaras, alho, feno-grego, sementes de coentro, grão-de-bico, melancia, lentilhas e trigo emmer.

GUIA DIETÉTICO PARA OS KEMÉTICOS MODERNOS

A dieta kemética proposta aqui é a que era seguida pelos sacerdotes e sacerdotisas do antigo Kemet. É uma dieta vegetariana crua que consiste principalmente de frutas e vegetais e exclui o consumo de carne, como peixe, aves ou gado.

Por que a dieta kemética?

Os sábios do antigo Kemet reconheciam que a saúde física e espiritual estavam interligadas. Seguir a dieta kemética pode contribuir para uma vida mais longa, mais saudável e mais agradável. É possível que você evite passar seus últimos anos de vida entrando e saindo de hospitais, cuidando dos efeitos cumulativos que uma dieta ruim pode ter sobre sua saúde. Esses efeitos nocivos incluem diabetes, pressão alta e câncer. Em vez disso, a dieta kemética permite que você consuma alimentos que lhe permitam viver em Ma'at e promovam sua jornada espiritual.

Além disso, a dieta kemética reduz a quantidade de ácidos causadores de doenças em seu corpo. Seu corpo funciona melhor quando mantém um nível ligeiramente alcalino de 7,4 na escala de pH (Adams, n.d.). O consumo de frutas e vegetais em grandes quantidades pode contribuir para estabilizar o pH do corpo, mantendo o sangue oxigenado e, portanto, tornando-o menos suscetível a doenças. Uma dieta alcalina também inclui a adição de nozes, sementes, legumes e chás de ervas.

*B*ENEFÍCIOS

A dieta kemética elimina da dieta a fonte da maioria das alergias alimentares. Ela nos permite absorver nossa energia de fontes de alimentos que imediatamente colheram a energia de Ra. Portanto, a adoção de uma dieta kemética resulta em níveis mais altos de energia e em uma incidência reduzida de doenças. O consumo da forma mais pura de nutrição permite que você viva em alinhamento com o divino, sendo tão verde quanto Asar.

A adoção de uma dieta kemética baseada em vegetais reduz a probabilidade de desenvolver doenças como hipertensão, colesterol alto, câncer e obesidade. Além disso, uma dieta baseada em vegetais estimula o sistema imunológico, oferecendo proteção contra doenças sazonais, como gripes e resfriados. Ela aumenta os níveis de energia do corpo e reduz a probabilidade de depressão, estresse e transtornos mentais associados.

O QUE COMER

Tente comer frutas e verduras frescas o máximo que puder. Além de seu valor nutricional, eles acrescentam fibras à dieta, o que favorece o bom funcionamento do sistema digestivo. Se possível, coma frutas e legumes crus. Entretanto, não os coma ao mesmo tempo. Em vez disso, coma frutas cerca de 30 minutos antes de comer vegetais. Nos casos em que não for possível comer vegetais crus e eles precisarem ser cozidos, tente não cozinhá-los

ESPIRITUALIDADE KEMÉTICA

demais. No caso de vegetais verdes, como couve e espinafre, grelhe-os ou use o método de cozimento a vapor para cozinhá-los. Dessa forma, suas qualidades naturais serão mantidas o máximo possível. Para criar um alinhamento entre seu corpo e as frutas e verduras que você come, tente comer somente alimentos que estejam na estação. O consumo de alimentos fora da estação exige que eles sejam transportados por longas distâncias de regiões diferentes daquela em que você se encontra. Esses alimentos não estão alinhados com os ritmos do seu corpo, pois foram cultivados em uma área diferente. Como resultado, eles podem causar estresse interno ao seu corpo.

Da mesma forma que se deve observar um período de 30 minutos entre o consumo de frutas e vegetais, você deve tomar cuidado para não comer mais do que três tipos diferentes de alimentos ao mesmo tempo. Isso é para reduzir a tensão no trato digestivo.

Se você tiver as instalações necessárias, poderá assar seus alimentos ao sol. Essa é a forma mais saudável de cozinhar, pois aproveita ainda mais a energia do sol para ser absorvida pelo seu corpo.

Beba a quantidade de água necessária para seu corpo, de modo a evitar a sensação de sede. É aconselhável adicionar uma fatia de limão ou lima à água, pois isso o ajudará a neutralizar qualquer acidez que possa estar presente em seu corpo. Isso é ótimo para sua saúde geral. Se optar por consumir sucos de frutas, evite aqueles com gás ou que contenham alto teor de açúcar. Em vez disso, consuma água de coco, suco de fruta puro e chás de ervas. Depois de beber os líquidos, tente esperar uma hora antes de comer. É melhor que a ingestão de alimentos e bebidas não ocorra ao mesmo tempo.

Tente se acostumar com a prática de fazer sucos. Você pode fazer suco verde usando folhas verdes e pepinos. Acrescente algumas frutas de cor laranja ou vermelha para dar mais sabor. As maçãs também são ótimos complementos para o suco. Tente consumir o suco o mais próximo possível do momento em que ele foi espremido.

Para um lanche, considere comer nozes, como amêndoas cruas, que são ricas em nutrientes. Elas contêm cálcio, magnésio, proteína e vitamina E. Para consumir amêndoas, deixe-as de molho em água durante a noite. Isso facilitará para seu corpo absorver as qualidades naturais das amêndoas. Ao comer nozes, tente evitar comê-las ao mesmo tempo que alimentos úmidos, como frutas frescas. No entanto, elas podem ser consumidas com frutas secas, pois elas têm uma falta de água semelhante e exigirão o mesmo esforço para serem digeridas. Você também pode incluir sementes, como sementes de abóbora e sementes de girassol, como itens adicionais de lanche.

Grãos, legumes e raízes

Os amidos estão incluídos na dieta kemética na forma de raízes, legumes e grãos. Eles são considerados uma parte básica da refeição; entretanto, não devem ser consumidos em grandes quantidades. Em vez disso, precisam ser adequadamente balanceados com vegetais verdes, especialmente aqueles que contêm energia direta do sol.

A melhor dieta para seu corpo é aquela que consiste exclusivamente de frutas e vegetais, com grande ênfase em alimentos crus. Entretanto, tentar implementar imediatamente uma dieta de alimentos crus depois de ter consumido uma dieta moderna durante toda a sua vida pode ser prejudicial para o seu corpo. Seu corpo terá se acostumado com as enzimas e os minerais que obtém desses alimentos, e uma mudança repentina pode levar a sintomas de abstinência. Se não for administrada adequadamente, a mudança abrupta da dieta para o veganismo pode resultar na incapacidade de manter sua determinação. A volta aos hábitos anteriores pode promover a tendência de consumir mais substâncias viciantes do que antes, como carne e açúcar.

Uma dieta lúcida

Uma transição bem-sucedida resultará em sua participação no que é conhecido como dieta lúcida. Essa dieta consiste em sementes germinadas, nozes, frutas, verduras e legumes. Uma dieta lúcida promove a clareza da mente e o aumento da força de vontade, além de proporcionar uma sensação geral de harmonia.

Para ter sucesso em sua transição, tente reduzir os alimentos que são menos benéficos para você. Corte os alimentos prejudiciais e substitua-os por alternativas saudáveis que permitirão que seu corpo se livre das substâncias às quais está acostumado. Com a redução da ingestão, você poderá avançar para o veganismo completo e para uma dieta de alimentos crus assim que seu corpo se adaptar.

Tente evitar alimentos refinados, pois a maior parte da qualidade natural foi retirada deles. Em vez disso, tente usar alimentos não refinados e integrais no que se refere a amidos. Substitua os açúcares refinados por adoçantes naturais, como mel, estévia e agave. Em vez de frutas e vegetais processados em latas, tente consumir frutas e vegetais frescos o máximo possível. Se você optar por comer frutas secas, tente evitar aquelas que têm adição de açúcar no processo de conservação.

Talvez você deva considerar ficar longe dos laticínios. A maioria das pessoas não é fisicamente capaz de digerir laticínios. Essa é a razão pela qual a incidência de reações alérgicas ao leite e a produtos relacionados ao leite é tão alta. Além das reações alérgicas, o leite tem um impacto negativo de longo prazo em seu corpo. Diz-se que ele aumenta a probabilidade de desenvolver doenças como osteoporose, câncer e diabetes dependente de insulina (Ashby, 2002.)

Se precisar encontrar um substituto para o leite em sua dieta e em suas receitas, use uma das alternativas de leite de origem vegetal disponíveis no mercado. Entre elas estão o leite de coco, o leite de amêndoas, o leite de aveia e outros.

Talvez você deva considerar a remoção do trigo de sua dieta. Assim como o leite, o trigo comum causa uma reação alérgica na maioria das pessoas devido a uma incapacidade genética de digeri-lo. Nariz entupido, catarro e inflamação são reações comuns à reintrodução do trigo no organismo. Se você insistir em comer produtos de panificação, considere encontrar alternativas ao trigo, como farinha de coco, farinha de amêndoas e outras opções mais saudáveis.

Considere reduzir ou eliminar o consumo de carne de sua dieta. Pode ser benéfico para você seguir um plano de alimentação pescetariana ou flexitariana. No entanto, ao fazer isso, lembre-se de substituir todo o leite e produtos lácteos por alternativas de origem vegetal.

De modo geral, tente evitar os alimentos que eram considerados entorpecentes pelos antigos keméticos devido ao fato de causarem comportamento agressivo, doenças e pensamentos negativos. Esses alimentos incluem alimentos fermentados e muito maduros, alimentos processados e refinados e álcool. Dizia-se que esses alimentos resultavam em embotamento mental, raiva, ganância e ódio. Dizia-se que as pessoas que consumiam esses alimentos perdiam a capacidade de raciocinar. Também se considerava que o consumo de tabaco contribuía para as consequências negativas mencionadas anteriormente.

Também é bom evitar os alimentos que foram descritos como agitadores. São alimentos como carne, café e alimentos picantes ou azedos. Diz-se que esses alimentos causam inquietação e falta de foco por causarem distração.

JEJUM

Os habitantes do Kemet jejuavam por um período de três dias consecutivos todos os meses. O objetivo do jejum era evitar o surgimento de doenças na forma de Ukhedu - *a* fonte de doenças que existe nos intestinos. Isso ocorre devido ao acúmulo de alimentos nos intestinos, que precisa ser removido por meio do jejum. Assim, os antigos egípcios geralmente acompanhavam o período de jejum com o uso de um enema para limpar ainda mais os intestinos.

O jejum permite que seu corpo se livre de toxinas e reduz a pressão sobre o sistema digestivo. A energia que teria sido usada para digerir os alimentos fica disponível para ser usada em atividades mentais e espirituais, como meditação e oração. Durante o jejum, o corpo desvia energia para o reparo de células danificadas. Durante esse período, a inflamação causadora de doenças é reduzida e o corpo queima o excesso de gordura. Os efeitos positivos de longo prazo do jejum incluem alterações hormonais que afetam a expressão gênica. Os efeitos epigenéticos das alterações na expressão gênica beneficiarão você e as gerações futuras.

Em busca dos três dias de jejum total que eram praticados no antigo Kemet, há três tipos diferentes de métodos de jejum que são populares nos tempos modernos e que você pode usar como preparação.

Um desses métodos é o jejum intermitente. Esse é o método pelo qual você come regularmente apenas em um determinado período de tempo durante um período de 24 horas. Essa janela de alimentação pode consistir de cinco a oito horas do dia. Se quiser praticar o jejum intermitente, você pode começar tomando um café da manhã tardio ou pular o café da manhã e almoçar cedo. Em seguida, pode jantar cedo, o que lhe permitirá entrar na janela de jejum durante a noite até o meio da manhã do dia seguinte. Durante a janela de jejum, você pode consumir bebidas como água, chás de ervas e sucos naturais. Evite o consumo de álcool e bebidas com cafeína.

Outro método envolve cortar totalmente a carne da dieta e comer apenas vegetais. Esse é um bom método a ser seguido se você precisar se livrar da carne ao adotar uma dieta kemética. Se você já é vegetariano, considere usar uma dieta somente de frutas. Essa é uma maneira útil de limpar seu corpo.

Como alguém que está se aproximando da meta kemética de jejuar três dias por mês, você pode começar jejuando por algumas horas todos os dias antes de passar para o jejum intermitente. Depois que seu corpo se acostumar com o conceito de comer apenas durante um curto período de tempo, você pode intensificar o período de tempo para um dia de jejum por mês. Quando estiver acostumado a isso, poderá jejuar um dia por semana. Com o tempo, você pode aumentar esse período de modo a jejuar três dias consecutivos por mês, como se fazia no antigo Kemet.

Durante o período de jejum, a ingestão de líquidos ajudará a eliminar as toxinas do corpo. Os líquidos consumidos podem incluir água, sucos de nozes, chás de ervas e sucos espremidos na hora feitos de frutas e vegetais. Os ingredientes podem incluir espinafre, couve, repolho, alface, cenoura, laranja, maçã, pepino e outras frutas e verduras que podem ser consumidas em sua forma crua.

Tente não fazer um jejum somente de água até que tenha se envolvido em atividades regulares de jejum por um período de um a dois anos. Nesse momento, seu corpo terá sido limpo de anos de toxinas *Ukhedu* acumuladas em seu sistema, o que lhe dará a capacidade de suportar esse jejum.

Seja gentil com seu corpo enquanto estiver em jejum. Não se esforce demais fisicamente. Em vez disso, realize atividades mais voltadas para o descanso e permita-se ser orientado pelo seu corpo com relação às atividades que realizar.

Ao quebrar o jejum, tente limitar a ingestão de amidos ou evitá-los completamente no primeiro dia. Seu corpo precisa de uma introdução suave aos alimentos nesse momento. O amido pode entupir rapidamente seu sistema digestivo, pois não é solúvel em água. Como sempre, você deve assumir a responsabilidade por suas próprias ações e escolhas alimentares e fazer sua própria pesquisa e a devida diligência, independentemente do caminho que escolher.

SHU

6

GUIAS ESPIRITUAIS KEMÉTICOS, SEGREDOS DOS CHAKRAS E INVOCAÇÃO DA FORÇA E DA SABEDORIA

Todos nós estamos cercados por guias espirituais. Esses são seres que existem no reino espiritual. A assistência deles facilita o acesso às forças da natureza. Em parceria com seus guias espirituais, você pode alcançar seus desejos, pois são eles que se envolverão com as forças da natureza que tornam todas as coisas possíveis. Ao se envolver com eles, você acessa a capacidade deles de agir como intermediários para que você alcance seus objetivos. Os guias espirituais estão em nossas vidas para nos ajudar a viver, oferecendo proteção, conforto e orientação em nossas atividades diárias.

ANCESTRAIS

Esses guias espirituais podem assumir diferentes formas. Uma delas é na forma de ancestrais. Esses são indivíduos que fazem parte ou estão próximos de sua linhagem familiar. Eles tendem a ser indivíduos que viveram uma vida exemplar e se colocaram à disposição para ajudar os vivos a fazer o mesmo.

Você pode honrar seus antepassados construindo um altar ancestral. Esse é um local reservado para se comunicar e se envolver com eles.

MONTAGEM DE UM ALTAR

Para montar um altar, você pode usar uma mesa pequena, que deve ser usada somente para essa finalidade. Para convidar os antepassados, você pode cobrir a mesa com uma toalha de mesa branca ou colocar conchas brancas ao redor das bordas da mesa. Em seguida, você pode enfeitar a mesa com fotos de seus antepassados - aqueles entes queridos que já deixaram a Terra.

Para começar seu noivado, ore para que Deus (ou qualquer deus ou deusa que você queira) guie seus antepassados e lhes dê força e sabedoria. Dessa forma, quando você os invocar, eles terão as ferramentas espirituais necessárias para lhe dar a assistência de que você precisa.

Você pode colocar uma pequena vela branca em um altar. Ela pode ser do tamanho de uma vela de aniversário. Enquanto ela estiver acesa, diga aos seus antepassados que você agradece o que eles fizeram por você enquanto estavam vivos. Informe-os sobre sua vida, como ela está indo e quaisquer desafios que possa estar enfrentando. Peça-lhes orientação e ajuda para enfrentar esses desafios. Em troca da ajuda que você espera receber deles, faça uma oferta. A oferenda não serve apenas para se comunicar mais com seus antepassados. Ela também serve como um meio de equilibrar a troca de energia entre você e eles. Ao receber a ajuda deles em seus desafios, você deve dar algo em troca. Isso está de acordo com as leis de Ma'at. Você pode fazer uma oferenda de algo que eles apreciem ou que tenham apreciado quando estavam vivos na Terra. Isso pode ser na forma da queima de incenso ou da colocação de algo para consumo. Você pode oferecer uma bebida na forma de uma xícara de café preto forte, um copo de bebida alcoólica - se eles gostaram disso durante a vida - ou uma xícara de chá de ervas aromáticas. Você também pode oferecer aos seus antepassados um prato com os alimentos favoritos deles. Depois de fazer seus pedidos junto com a oferenda, agradeça aos antepassados pela ajuda e deixe a vela queimar sozinha.

Depois de oferecer a comida e a bebida, você pode deixar a bebida evaporar. No entanto, talvez você queira retirar o prato de comida no dia seguinte para que ele não fique velho no altar. Ao descartar o prato de comida, ore sobre a lixeira antes de depositar a comida nela. Você também pode descartá-lo fazendo compostagem.

Após a comunicação com seus antepassados no altar, esteja preparado para que eles respondam. Eles lhe darão orientações sobre as medidas que você deve tomar. Isso pode ocorrer na forma de momentos de percepção, palpites e sonhos que você tem após a oferenda a eles.

DEUSES E DEUSAS COMO GUIAS ESPIRITUAIS

À medida que você continua sua jornada na espiritualidade kemética, pode se dar conta de que vários deuses e deusas marcam presença em sua vida. Eles estão lá para ajudá-lo em sua jornada espiritual, fornecendo-lhe instruções sobre as ações a serem tomadas e as escolhas a serem feitas. Eles podem ter guiado sua jornada de vida o tempo todo, mas, devido à falta de consciência, você pode não ter reconhecido a evidência da existência deles. Essas evidências podem ser sutis e vir na forma de sonhos ou interações envolvendo alguns dos animais com os quais os princípios se manifestam. Talvez agora você se lembre de uma época de sua vida que foi particularmente desafiadora. Pode ser que, durante essa época, você tenha vivenciado coincidências envolvendo leões, gatos ou chacais, entre outros animais. Sua situação desafiadora pode ter sido resolvida misteriosamente. Em retrospecto, agora você pode estar ciente de que talvez Sekhmet, Bastet ou Anúbis estivessem marcando presença para você. A resolução misteriosa de seu desafio talvez tenha sido devido à intervenção deles.

A presença dos deuses e deusas também pode ser sentida durante as sessões de cura do Sekhem. Essas sessões de cura utilizam energia espiritual; portanto, é normal que o guia espiritual do indivíduo se revele durante a sessão de cura. Isso ocorrerá na forma de imagens mentais ou da consciência da presença desse deus ou deusa. Essas imagens ou sensações podem ser sentidas pelo curador ou pela pessoa que está realizando a sessão.

Quando isso acontece e você está ciente de que um dos deuses ou deusas é seu guia espiritual, você pode se beneficiar muito desse conhecimento. Agora você pode pedir a intervenção direta deles em determinadas questões. Você pode fazer oferendas a eles da mesma forma que faz aos seus antepassados. Reservar um tempo para meditar e se concentrar no princípio em questão ao fazer isso abrirá o caminho para que você receba orientação específica. Às vezes, o deus ou a deusa como guia espiritual só aparece em sua vida para um propósito específico. Em outras ocasiões, ele é seu companheiro constante, guiando-o pela vida.

Aqui estão alguns dos deuses e deusas que você pode encontrar. Preste atenção em suas visões, sonhos e intuição. Além disso, esteja ciente de qualquer necessidade específica que você tenha no momento. Os deuses e deusas podem ser chamados para intervir em uma área específica que está sob sua proteção.

Anúbis, ou Anpu, é o deus com cabeça de chacal da vida após a morte, da cura e um guia para os perdidos. Anúbis vem para nos ajudar com a morte e o renascimento, geralmente como parte da jornada emocional, psicológica ou espiritual.

Bastet é a deusa felina do amor, do fogo, da música, da fertilidade e da magia. Ela é uma protetora dos lares que afasta os maus espíritos e as doenças.

Het-Heru, ou Hathor, é uma bela deusa com chifres de touro e um disco solar na cabeça. Ela também se manifesta como um ganso, um leão ou um gato. Deusa dos cosméticos e do céu, ela é conhecida por ser uma protetora das mulheres. Ela traz prazer, amor, fertilidade, beleza e música para a vida daqueles que toca. É a deusa da maternidade, cujo outro dever é acolher os espíritos mortos na vida após a morte. Ela é uma manifestação menos feroz de Sekhmet. Como guia espiritual, Hathor inspira gratidão e diplomacia com nações estrangeiras e é a protetora do celestial rio Nilo.

Sekhmet é a deusa com cabeça de leão que usa um disco solar combinado com uma serpente uraeus como coroa. Ao mesmo tempo feroz e carinhosa, ela cura os doentes e protege ferozmente os inocentes. Ela defende ferozmente os princípios de Ma'at e intervirá se você tiver sido tratado injustamente.

CHAKRAS

Os chakras são pontos focais de energia que se encontram ao longo da medula espinhal. Esses chakras estão girando constantemente. O impacto disso é que seu senso de equilíbrio é afetado pela velocidade com que esses pontos focais giram. Quando seu equilíbrio é afetado pelo fato de um desses chakras girar mais devagar ou mais rápido do que os outros, o efeito pode ser emocional, físico ou mental.

Há sete pontos principais de chakra, todos vibrando com sua própria cor. Cada ponto está associado a um deus ou deusa diferente na árvore da vida kemética. Esses pontos de chakra também estão alinhados com diferentes partes do corpo de acordo com sua localização na coluna vertebral. Se você tiver um desafio em uma área específica do corpo, invoque os deuses e deusas que governam essa parte do corpo para obter a cura. Abaixo está uma visão geral básica dos pontos dos chakras e uma indicação de quais divindades os governam.

1. O chacra raiz, ou Khab, é regido pela parte inferior do Geb e está associado aos quadris, à bexiga, aos membros inferiores e à virilha. Ele está localizado na base da coluna vertebral. A cor associada ao chakra raiz é o vermelho.
2. O chacra sacral, ou Khaibit, é regido pela parte superior de Geb e está associado ao útero e ao trato urinário, bem como às nossas emoções e aos sentidos animais. Ele está localizado logo abaixo do umbigo. A cor associada ao chakra sacral é o laranja.

3. O chakra do plexo solar, ou Sahu, é regido por Het-Heru – também conhecido como Hathor, Sebek e Auset. Está associado aos pulmões, estômago, intestinos, fígado e pressão arterial. Está localizado acima do umbigo. A cor associada ao chakra do plexo solar é o amarelo.
4. O chacra cardíaco, ou Ab, é regido por Ma'at, Herekuti e Heru. Está associado à parte superior das costas e ao coração. Está localizado no peito. As cores associadas ao chakra do coração são o verde e o rosa.
5. O chakra da garganta, ou Shekem, é regido por Sekhert e está associado a tireoide, ao nariz e a garganta. Ele está localizado na garganta. A cor associada ao chakra da garganta é o azul.
6. O chakra do terceiro olho, ou Khu, é regido por Tehuti e está associado aos olhos e aos ouvidos. Ele está localizado entre os olhos e as sobrancelhas. A cor associada ao chakra do terceiro olho é o violeta.
7. O Chacra da Coroa, ou Ba, é regido por Ausar e está associado ao sistema nervoso, à memória e ao senso de equilíbrio. Ele está localizado no topo da cabeça. A cor associada ao chakra da coroa é o branco.

Mais detalhes sobre os pontos dos chakras serão fornecidos no capítulo sobre a cura energética Kemetic.

AURAS

Cada um de nós irradia a frequência de energia com a qual estamos operando. Essa energia envolve nosso corpo na forma de um campo eletromagnético. Seu campo de energia pode ser percebido por outras pessoas quando os campos de energia delas entram em contato com o seu. Quando elas sentem seu campo de energia, podem reagir a ele. A reação depende de como sua energia se relaciona com a aura delas. A partir dessa experiência, as pessoas descreverão como receberam boas ou más vibrações de uma pessoa.

Quando outras pessoas sentem o seu campo de energia, o que elas estão captando é a sua aura. A aura existe em diferentes camadas, cada uma com uma cor diferente em alinhamento com seus chakras e a quantidade de energia que está sendo irradiada de cada chakra. Isso, por sua vez, é influenciado por suas experiências atuais e pelas emoções que as acompanham.

Algumas pessoas têm a capacidade de ver auras e podem dizer qual aura está desalinhada apenas observando as cores que emanam de seu corpo. As auras são mensuráveis e podem até ser fotografadas quando se usa um equipamento especial. Esse equipamento é uma ferramenta útil para determinar se houve uma mudança na aura e no equilíbrio dos chakras antes e depois de uma sessão de cura energética.

BANHOS ESPIRITUAIS

Quando interagimos com as vibrações ou auras de outras pessoas, ocorre uma troca de energia e saímos das interações com os outros tendo sido afetados de alguma forma por eles. Se nos envolvermos constantemente com indivíduos que têm baixa energia, nossa frequência energética acabará sendo afetada. Isso nos deixa deprimidos ou com um humor negativo. A maneira de nos aliviarmos desses estados de espírito negativos é limpar nossas frequências de energia. Um banho espiritual é um dos métodos mais eficazes que requerem o mínimo de habilidade para serem realizados.

No mínimo, um banho espiritual requer uma bacia grande o suficiente para colocar os pés sem que eles se toquem, juntamente com suas orações e intenções. Sua intenção deve ser atrair a energia negativa para fora do seu corpo e para a água. Depois de um período de 10 a 15 minutos com os pés na água, retire os pés e jogue a água no vaso sanitário. Enxágue o vaso sanitário com água fresca.

Para ser mais eficaz, você pode adicionar minerais de limpeza à água na forma de sal-gema, sal marinho puro ou até mesmo água do mar.

Sua intenção de limpar o corpo inteiro pode ser realizada tomando um banho com água que tenha propriedades de limpeza. Combine isso com uma intenção de oração para a limpeza espiritual. Se não conseguir mergulhar totalmente o corpo nessa água, pode derramar um pouco sobre você no chuveiro.

Para aumentar a capacidade da água de extrair a energia negativa de sua aura, você pode adicionar alguns dos seguintes itens: sal grosso (evite usar sal de mesa refinado), ervas, aromas naturais, saquinhos de chá, pedras e cristais. Sempre abençoe a água antes de tomar o banho espiritual, pois a intenção por trás do banho ou da ducha é o que aumenta sua eficácia.

As ervas que são eficazes incluem manjericão e lavanda.

HET HERU

SEGREDOS ESQUECIDOS DA CURA ENERGÉTICA EGÍPCIA E TÉCNICAS MODERNAS PODEROSAS

Nossos corpos são condutores de energia. Eles não apenas conduzem energia, mas também contêm a energia necessária para nossa sobrevivência. Essa energia é mantida nos centros de energia, que geralmente são chamados de chakras. A palavra *chakra* significa "roda de luz" no idioma sânscrito da Índia. Essa palavra foi adotada em todo o mundo como uma forma de se referir a esses centros de energia.

Os chakras têm instâncias menores e maiores no corpo humano. Os chakras maiores estão localizados ao longo da medula espinhal, enquanto os chakras menores estão localizados em diferentes órgãos, bem como em determinados pontos próximos ao corpo, como logo acima da cabeça. Quando vistos por aqueles que têm a capacidade de ver a energia, seja por meio de habilidades especiais ou pelo uso de ferramentas, os chakras são vistos como rodas giratórias de energia luminosa. São essas bolas de luz de cores diferentes que deram origem ao seu nome.

A base da cura energética é o equilíbrio dos principais

chakras, ou centros de energia, do corpo. Quando os chakras estão alinhados, a energia é capaz de fluir livremente entre eles. Todos estão em equilíbrio uns com os outros, sem que nenhum deles seja mais dominante ou submisso do que os outros. Um corpo saudável é aquele que está em alinhamento com a energia do universo, e é isso que todos nós devemos buscar. Quando o corpo não está alinhado, a cura energética é feita para realinhar os chakras. A cura energética é obtida acessando a força energética do universo e alinhando seu corpo a ela por meio de técnicas que limpam sua aura. Quando seus chakras estão limpos, sua aura também fica limpa. Isso afeta seu bem-estar físico e emocional. Uma aura limpa permite que a energia seja facilmente canalizada por seu corpo. Você poderá desfrutar de boa saúde e clareza mental. No entanto, se algum dos seus centros de energia estiver bloqueado, isso pode se manifestar em doenças ou distúrbios psicológicos na área correspondente a esse chakra. Muitas vezes, para identificar qual dos chakras está bloqueado, basta trabalhar a partir dos sintomas que o corpo apresenta. Portanto, é importante ter uma compreensão dos centros de energia e de como eles afetam sua saúde geral. Depois de ter consciência disso, você pode usar técnicas de cura energética para curar seu corpo. Sessões frequentes garantirão que seu corpo permaneça alinhado com vibrações positivas de energia para permitir a saúde contínua.

Para aumentar sua consciência sobre como a energia afeta seu corpo, vamos examinar os sete chakras e o que eles representam. Em seguida, discutiremos os métodos usados pelos praticantes da cura energética egípcia para equilibrar esses centros de energia. Isso também incluirá uma olhada na árvore da vida kemética e

ESPIRITUALIDADE KEMÉTICA

como ela se alinha com os sete chakras e a espiritualidade kemética.

Ao observarmos a árvore da vida, reconhecemos o papel que vários deuses e deusas desempenham na jornada de cura - em especial, Sekhmet, Thoth e Auset, que eram os deuses associados aos sacerdotes e sacerdotisas dos templos de cura. Esses sacerdotes e sacerdotisas tinham a tarefa de cuidar do bem-estar espiritual e físico daqueles que buscavam sua ajuda. Eles, por sua vez, buscavam a orientação desses deuses e deusas para identificar e resolver suas doenças.

CURA PARA MA'AT

Também examinaremos as várias ferramentas e técnicas que podem ser usadas para equilibrar a energia no corpo. Lembre-se de que boa saúde é ter equilíbrio no corpo, na alma e na mente. Embora você possa ler livros e assistir a palestras inspiradoras para manter uma mente saudável, seu corpo e sua alma são diretamente afetados pela energia com a qual você entra em contato diariamente. Toda vez que interage fisicamente com as pessoas, você se envolve com a energia delas. A interação negativa que elas possam ter tido antes de se encontrarem com você permanecerá no corpo energético delas se elas não tiverem lidado com isso antes do encontro. Quando você se encontrar com elas, essa energia o afetará, pois você a absorverá. Você pode sair do encontro sentindo-se mal-humorado sem saber por que está se sentindo assim. Quando você fizer parte de uma multidão, como um teatro cheio de pessoas, você também será afetado. De fato, toda a multidão pode contagiar uns aos outros com a mesma energia. É por isso que você se sente animado quando passa por uma pessoa que está sorrindo para si mesma depois de ouvir uma boa notícia que acabou de receber. Você perceberá que pode se sentir inspirado a sorrir também, mesmo que a pessoa não esteja sorrindo para você. A maioria das pessoas é instintivamente atraída por essa energia positiva porque também deseja existir em um espaço vibracional positivo. Por outro lado, por mais que testemunhar a energia positiva nos outros possa elevá-lo, a exposição à energia negativa deles também pode afetá-lo. As pessoas que estão próximas ou que fazem parte de uma multidão enfurecida podem, muitas vezes, formar uma turba e entrar em ação por uma causa na qual não acreditam. Isso acontece porque elas se deixam levar pela energia da multidão. Por esse motivo, é importante sabermos com quem nos associamos, pois a energia deles nos afetará. Nos casos em que não temos escolha, precisamos encontrar maneiras de limpar nossos chakras diariamente, se possível. Isso garantirá que você viva sua vida da maneira mais equilibrada possível. Portanto, este capítulo é apresentado a você com o objetivo de ajudá-lo a acessar as ferramentas certas para manter seus chakras equilibrados e ajudá-lo a viver uma vida equilibrada. Uma vida equilibrada é aquela que está alinhada com os princípios de Ma'at e, portanto, é essencial para sua jornada espiritual. Ao usar as ferramentas apresentadas aqui, você pode viver em Ma'at, apesar do impacto das circunstâncias atuais, do ambiente ou das interações diárias.

O SISTEMA DE CHAKRAS

O corpo humano contém sete chakras principais. Eles são encontrados em vários locais ao longo da coluna vertebral e são representados por cores diferentes. Esses chakras também estão relacionados a diferentes aspectos físicos, emocionais e psicológicos do bem-estar. Portanto, se um chakra estiver desequilibrado em sua vida, isso se refletirá em um desequilíbrio dos aspectos físicos, emocionais e psicológicos associados. Vamos examinar brevemente os 7 chakras principais, de baixo para cima. Isso lhe dará uma compreensão do que são esses chakras e dos aspectos do corpo com os quais eles se relacionam. Eles serão apresentados na mesma ordem que você seguirá ao subir a árvore da vida.

No antigo Egito, os chakras eram vistos como almas de Rá, ou "Sephek Ba Ra". Nosso foco aqui será nos chakras representados por cada esfera na árvore da vida. Também examinaremos o propósito espiritual que cada chakra cumpre em relação à sua posição na árvore da vida.

Isso lhe mostrará por que estar em alinhamento espiritual por meio do equilíbrio dos chakras lhe proporciona os meios para superar os desafios diários e viver uma vida cada vez mais piedosa.

CHAKRA RAIZ, o *Khab*

O vermelho é a cor associada ao chakra raiz, localizado na base da coluna vertebral.

O chakra da raiz é responsável por permitir que você se sinta seguro e protegido, pois permite que você esteja fundamentado na realidade.

Na árvore da vida, esse chakra se alinha com a esfera 10. Nesse caso, ele se relaciona com a metade inferior de Geb. Está relacionado aos aspectos físicos do corpo e à capacidade de movimentação. Está ligado ao nosso corpo físico. Também se considera que o Khab abriga o corpo espiritual inconsciente. Está relacionado à nossa natureza sensual.

Um desequilíbrio no chakra da raiz é refletido por sentimentos de ansiedade, pânico e insegurança. Esse desequilíbrio pode resultar em uma mentalidade de vítima. Também pode se manifestar em uma mentalidade de escassez, evidenciada pelo acúmulo de bens. As doenças físicas do chakra raiz são encontradas na virilha, na bexiga, nos membros inferiores e nos quadris.

Chakra Sacral, o Khaibit

Laranja é a cor do chakra sacral. Esse chakra está localizado no abdômen, cerca de 5 cm abaixo do umbigo.

O chakra sacral é responsável por sua sensação de prazer e bem-estar, inclusive sua sexualidade.

Na árvore da vida, esse chakra se alinha com a esfera dez. Desta vez, ele se relaciona com a metade superior de Geb, que pertence às emoções e aos nossos sentidos animais. Esse é o nosso eu-sombra, que é governado pelos sentidos. Esse chakra está relacionado à sensualidade e à criatividade.

Um desequilíbrio no chakra sacral é refletido por um senso físico e emocional de separação. Você pode ter dificuldade de se conectar com outras pessoas. As doenças físicas caracterizadas por esse bloqueio incluem desafios de fertilidade, como menstruação irregular, problemas urinários e problemas ginecológicos. Você também pode sentir dores nas costas e constipação.

Chakra do plexo solar, o Sahu

O chakra do plexo solar é indicado pela cor amarela.

ESPIRITUALIDADE KEMÉTICA

Localizado na parte superior do abdômen, o chakra do plexo solar é responsável por sentimentos de autocontrole e confiança. É o centro de poder pessoal do corpo.

Na árvore da vida, esse chakra se alinha com as esferas sete, oito e nove. A esfera sete é Het-Heru, a sede da energia sexual, da Kundalini e das Forças Solares. A esfera oito é Sebek, que representa o intelecto e a lógica, bem como a comunicação e a crença. A esfera nove é Auset, a deusa que representa nossa personalidade. Ela é composta por nossa memória, a alma e o que aprendemos em nossa jornada. A capacidade de nutrir e ser devotado serve para acrescentar novos aspectos à nossa personalidade em constante desenvolvimento. Essa é a localização do corpo de energia espiritual. Ele transporta nossa força vital para o céu depois que morremos.

Um desequilíbrio no chakra do plexo solar é observado em problemas intestinais e estomacais, como indigestão. Outras doenças físicas que podem ocorrer são pressão alta e problemas no fígado. Esse desequilíbrio pode resultar em desafios emocionais, como baixa autoestima e dúvidas sobre si mesmo.

CHAKRA DO CORAÇÃO, o Ab

O chakra do coração, centro do amor e dos sentimentos de empatia, é representado pelas cores verde e rosa.

O chakra do coração é responsável pelo amor, empatia, perdão e compaixão.

Na árvore da vida, esse chakra se alinha com as esferas quatro, cinco e seis. Dessas esferas, vemos que a quatro é Ma'at, que governa a harmonia, a verdade e a lei divina. Esse ideal é apoiado pela esfera cinco, Heru-Khuti, que impõe a lei divina. A esfera seis é Heru, que representa a vontade humana que determina os resultados de nosso processo de tomada de decisão e a capacidade de superar nosso eu inferior. O Ab é um portal entre os aspectos divinos e mundanos dentro de nós. Ela representa a sede do intelecto e da consciência.

Um desequilíbrio no chakra do coração é refletido por dores na parte superior das costas, doenças cardíacas, depressão, ansiedade e fadiga crônica.

Chakra da Garganta, o *Shekem*

Localizado na garganta, no centro da laringe, esse chakra é representado pela cor azul.

O chakra da garganta é responsável pela comunicação. A forma mais elevada disso ocorre quando você está falando a sua verdade autêntica.

Na árvore da vida, esse chakra se alinha com a esfera três, que se relaciona com o poder da criação por meio do uso de palavras. Essa é a localização de nossos poderes divinos e da energia vital. Ele nos permite expressar nossa criatividade e poder.

Um desequilíbrio no chakra da garganta se reflete em sintomas de resfriado, problemas na garganta, desequilíbrio na tireoide e rigidez no pescoço.

Chakra do Terceiro Olho, o *Khu*

Localizado entre as sobrancelhas e os olhos, o chakra do terceiro olho está associado à cor roxa ou índigo.

O chakra do terceiro olho é responsável pelo sonho e pela intuição.

Na árvore da vida, esse chakra se alinha com a esfera dois, que se relaciona com a onisciência de Deus. Essa é a localização do eu superior ou do eu transfigurado. É a partir daqui que nosso espírito entra na vida após a morte. O Khu nos permite receber mensagens do reino espiritual em nosso estado atual de vida na Terra.

Um desequilíbrio no chakra do terceiro olho se reflete em problemas nos ouvidos ou nos olhos. Você também pode apresentar desequilíbrio hormonal, paralisia do sono ou dificuldades de aprendizagem.

Chakra da Coroa, o *Ba*

O chakra da coroa é representado pela cor branca ou violeta.

O chakra da coroa é responsável por sua capacidade de se conectar com a inteligência superior e com o reino espiritual.

Na árvore da vida, esse chakra se alinha com a esfera um, que está relacionada ao nosso verdadeiro eu como a manifestação de Deus no mundo. Esse chakra está relacionado a tudo o que é sobrenatural e divino. O Ba também representa os aspectos dentro de nós que não são físicos.

Um desequilíbrio no chakra do terceiro olho se reflete em um desequilíbrio do sistema nervoso e em problemas como perda de memória, tontura, problemas de visão e desafios cognitivos.

TÉCNICAS DE CURA ENERGÉTICA

Quando seus chakras estão alinhados, eles estão em um estado de Ma'at, o que significa que estão em equilíbrio. Entretanto, há muitos eventos e interações que ocorrem no decorrer de nossa vida diária. Algumas das rotinas desses eventos podem desafiar nosso estado de Ma'at e nos tirar do alinhamento. Esses eventos tendem a afetar o chakra específico com o qual entram em contato. Por exemplo, quando você se encontra em uma situação em que não consegue falar a sua verdade, isso afeta o chakra da garganta. Essa situação pode surgir no tipo de ambiente de trabalho em que a comunicação de suas ideias criativas é sufocada, como no tipo de ambiente em que a gerência insiste que os mesmos métodos antigos devem ser usados para abordar as tarefas, mesmo que exista tecnologia para obter melhores resultados. Ser fortemente desencorajado a expressar suas ideias sobre como resolver problemas antigos de uma nova maneira pode deixá-lo com dor de garganta devido a um chakra da garganta bloqueado.

Esse é um exemplo real de como a falta de alinhamento contínuo dos chakras pode acabar fazendo com que você se sinta desconfortável ou manifeste um corpo doente. As técnicas a seguir eram usadas no antigo Kemet e estão sendo adotadas novamente nos tempos modernos como um meio de tratar desequilíbrios corporais.

ORAÇÕES E AFIRMAÇÕES

Uma maneira de trazer energia de cura para seu corpo é por meio do uso de palavras positivas. O poder das palavras como uma forte força vibratória com a capacidade de criar o universo tem sido cada vez mais reconhecido por professores mundialmente aclamados, como Bob Proctor, de *"Born Rich"*. Portanto, um método que você pode usar é dar vida aos seus centros de energia. Isso permite que eles se alinhem com a verdade que você está falando a eles e não com qualquer mal-estar que possam ter encontrado. Você pode fazer isso com todos os chakras como prática diária ou pode se concentrar em um único chakra quando sentir que ele está desequilibrado para o seu propósito. Você pode usar os sintomas que seu corpo apresenta combinados com o conhecimento de cada chakra. Dessa forma, você pode identificar as áreas que precisam de atenção especial. A seguir, sugerimos afirmações que podem ser usadas para cada um de seus chakras. Você pode alterá-las ou acrescentá-las de acordo com o que funciona para sua situação e sintomas específicos.

Afirmações para o chakra raiz, o Khab

- Eu vivo em abundância e sempre recebo provisão.
- Sou grato pela vida que tenho.
- Eu estou confiante.
- Sou respeitado por todos que me conhecem.
- Estou fundamentado em meu senso de pertencimento.

Afirmações para o Chakra Sacral, o Khaibit

- A apreciação e o respeito mútuos são fundamentais em todos os meus relacionamentos.
- Meus entes queridos podem confiar em mim e eu posso confiar neles.
- Estou constantemente inspirado a agir com base em novas ideias.

- Expresso minha criatividade de várias maneiras diferentes.
- Assumo total responsabilidade por minha felicidade e me cuido emocionalmente.

Afirmações para o Chakra do Plexo Solar, o Sahu

- Eu vivo em alinhamento com meu propósito divino.
- Estou confiante de que sou sempre digno.
- Uso os erros do passado como trampolins para me impulsionar para frente.
- Sou confiante, poderoso e forte.
- Estou motivado para enfrentar desafios.

Afirmações para o chakra do coração, o ab

- Estou cercado de amor onde quer que eu vá.
- Sou cheio de amor e atraio pessoas que são cheias de amor.
- Eu me amo plenamente.
- Eu recebo o amor e dou a ele a atenção que merece.
- Eu mereço ser amado.

Afirmações para o Chakra da Garganta, o Shekem

- Sou um bom ouvinte, paciente e atencioso.
- Sou bom em comunicar minhas ideias de forma calma e atenciosa.
- Gosto de conversas vibrantes e inteligentes.
- Sucesso e prosperidade são temas constantes em meu discurso.
- Falo com confiança e clareza.

Afirmações para o Chakra do Terceiro Olho, o Khu

- Sou divinamente guiado em direção ao meu propósito maior.
- Estou aberto a novas experiências.
- Eu sempre confio em minha intuição.
- Sou um pensador de visão ampla que age com sabedoria e intuição.
- Estou conectado com o divino.

Afirmações para o chakra da coroa, o ba

- Eu sou uma extensão da energia amorosa e divina.
- Sou espiritual, atualmente vivendo como humano.
- Recebo novas ideias do universo.
- À medida que os poderes superiores me guiam, eles aumentam minha sabedoria interior.
- Eu abraço o momento presente e vivo no agora.

IMPOSIÇÃO DE MÃOS

Você pode aumentar suas afirmações colocando as mãos sobre a área relacionada ao chakra em que está se concentrando. Você pode colocar as mãos lado a lado sobre o local físico do corpo onde se encontra o chakra. Você também pode optar por usar apenas a mão dominante sobre a área. Isso é algo que você pode fazer enquanto estiver deitado de costas.

O que é mais eficaz é colocar as mãos em lados opostos do corpo de modo que elas envolvam a área afetada. Isso requer um pouco de destreza em áreas como o peito, pois uma mão estará na frente do peito e a outra mão estará nas costas, na área correspondente. Para colocar as mãos nessas posições, é necessário ficar em pé ou sentado, com os pés firmes no chão e as costas retas. A partir dessa posição, o método que você usaria ao dizer palavras de afirmação para o chakra sacral exigiria que você colocasse a mão direita logo abaixo do umbigo. Ao mesmo tempo, você colocaria a mão esquerda na parte inferior das costas. Dessa forma, a energia fluirá de ambas as mãos através do corpo para o chakra afetado. Você também pode usar esse método quando estiver orando por outra pessoa. Para aumentar sua capacidade de acessar a energia universal ao fazer os exercícios de equilíbrio dos chakras, invoque seus guias espirituais para direcioná-lo aos chakras que precisam de mais atenção. Respire fundo e mantenha a calma enquanto visualiza o guia espiritual colocando a mão dele sobre a sua para realizar o exercício de cura por seu intermédio enquanto você o faz.

USO DE HASTES DE CURA

Muitas das estátuas encontradas em templos antigos no Kemet representavam os deuses e deusas segurando cilindros em suas mãos. Foi somente no século passado que a verdade sobre esses cilindros veio à tona. Isso aconteceu depois que uma escola de ioga zoroastriana revelou um texto antigo na década de 1920. Esse texto foi usado por cientistas russos na década de 1990 para recriar as hastes. As hastes foram então estudadas pela Academia Russa de Ciências em um período de dez anos. O resultado de seu estudo intensivo foi a descoberta de que as hastes usavam processos semelhantes aos da acupuntura e do reiki para curar o corpo. Eles determinaram que as hastes eram compostas de metais e cristais específicos, que permitem que a cura ocorra mais rapidamente no corpo quando são usadas corretamente. As hastes também são usadas para manifestação, equilíbrio físico e ascensão.

Portanto, foi somente em tempos recentes que se descobriu que o que essas estátuas estavam, de fato, segurando eram hastes de cura. Essas hastes as mantinham em um estado constante de equilíbrio e alinhamento devido à composição mineral das hastes.

Há dez tipos diferentes de hastes. Cada conjunto de hastes é específico para a capacidade energética de diferentes pessoas, de acordo com a frequência e a vibração com as quais elas se alinham. Segurar um conjunto de hastes por apenas cinco minutos abre os meridianos e equilibra os chakras, permitindo que a energia flua facilmente por todo o corpo. Estima-se que o benefício que você sentirá nesses cinco minutos exigiria uma sessão de acupuntura de 30 minutos para ser alcançado.

Um conjunto de hastes é composto por uma haste solar de

cobre ou ouro e uma haste lunar de zinco ou prata. A haste do sol contém a energia masculina ying, enquanto a haste da lua contém a energia feminina yang.

Quando usada por um indivíduo para alcançar o equilíbrio, a haste do sol é colocada na mão direita e a haste da lua é colocada na mão esquerda. O resultado é que a energia restauradora flui pelo corpo da pessoa que está segurando as hastes.

Quando usadas por um profissional, como um curador de reiki, as hastes podem ser direcionadas para o paciente para permitir que a sessão de cura energética ocorra. Enquanto o profissional estiver movendo as hastes sobre o paciente, outro conjunto de hastes pode ser mantido nas mãos do paciente para aumentar o fluxo de energia. A sessão também pode ser realizada apenas com o praticante carregando as hastes de cura.

As hastes podem ser usadas diariamente por um período de 10 a 20 minutos. O efeito positivo de segurar essas hastes para canalizar a energia em seu corpo foi comprovado. Além de aumentar a sensação de estar centrado e aterrado, o uso das hastes traz os seguintes benefícios:

- Aliviam os sintomas de fadiga crônica e exaustão.
- Melhoram a qualidade do sono e resolvem a insônia.
- Elas aumentam a clareza mental para a meditação, estimulando a energia mental e física.
- Elas regulam o sistema nervoso, resultando na remoção dos sintomas de agitação excessiva, movimentos obsessivo-compulsivos e tiques nervosos.
- Ajudam no crescimento e na função dos nervos.
- Elas regulam a pressão arterial alta em estágio inicial e as doenças cardiovasculares associadas a ela. Isso

inclui problemas como arteriosclerose e arritmia cardíaca.
- Elas estimulam o sistema nervoso.
- Elas removem os sintomas de estresse e depressão do corpo.
- Elas têm um impacto positivo no sistema endócrino.
- Elas melhoram a condição do sistema excretor. Isso reduz a probabilidade de ocorrência de infecções renais, síndrome do intestino irritável e infecções da bexiga.

Com todos os efeitos positivos das hastes, você precisa estar ciente de que há circunstâncias em que elas não devem ser usadas. As pessoas que não devem usar as hastes são as seguintes:

- Aqueles que estão sob a influência de drogas recreativas
- Crianças
- Aqueles que fazem uso de marca-passos
- As que estão grávidas
- Pessoas com pressão arterial baixa
- Pessoas com problemas graves de saúde mental, como esquizofrenia

O uso das hastes de cura tem sido combinado com outros métodos de cura, como Reiki e Sekhem, para transferir os benefícios do poder das hastes para uma pessoa doente. Esses dois métodos acessam a energia universal para transferir seus benefícios ao paciente. Quando usados em conjunto com as hastes de cura, os efeitos da transferência de energia são ampliados. Os bastões também podem ser usados pelos profissionais para reabastecer sua própria energia entre as sessões com diferentes clientes.

TOQUE NOS PONTOS DOS MERIDIANOS DE ENERGIA

Os antigos egípcios tinham uma sólida compreensão da energia dentro do corpo. Embora essa técnica não tenha surgido diretamente da cultura deles e só tenha sido introduzida nos últimos anos, ela continua sendo uma ferramenta incrivelmente poderosa para proporcionar àqueles que estão em um caminho espiritual um crescimento interior e pessoal acelerado, e é por isso que ela é mencionada aqui.

Ao usar a técnica de toque energético para eliminar bloqueios energéticos e traumas, será muito mais fácil viver de acordo com as leis de Ma'at, estar em harmonia com a natureza e impulsionar seu crescimento espiritual. É uma técnica fácil que você pode fazer literalmente de qualquer lugar e não requer ferramentas ou equipamentos especiais.

A maioria de nós vive em um ambiente estressante, que pode ser agravado pela falta de controle e incerteza. Isso pode gerar sentimentos de ansiedade em relação a vários fatores, especialmente quando assistimos ao noticiário, pois não podemos controlar a narrativa. Estar em condições estressantes gera adrenalina, o hormônio da luta ou fuga que nosso corpo libera ao preparar sua resposta primitiva ao perigo. Entretanto, sem uma saída para esses hormônios e com a estimulação negativa contínua do ambiente, podemos correr o risco de acumular mais estresse em nosso corpo.

Para neutralizar os efeitos das emoções negativas, você pode tocar diretamente nos meridianos de energia (canais de energia) do seu corpo para reduzir a quantidade de adrenalina e cortisol no organismo. Essa técnica funciona de forma semelhante à acupuntura e à compressão, mas consiste em bater levemente com a mão em diferentes pontos da cabeça, do rosto e do corpo, juntamente com afirmações faladas (ou mesmo silenciosas). Ele funciona concentrando-se em várias áreas de meridianos de energia que se conectam a diferentes órgãos do corpo. Os órgãos aos quais os exercícios de toque se conectam contêm emoções no corpo, como raiva, estresse, ansiedade ou tristeza. Isso funciona para processar emoções e reduzir os níveis de acúmulo de hormônios no corpo. Você também reduz o impacto que o estresse tem sobre o resto do seu corpo. Simplificando, você consegue acessar a mente subconsciente, remover traumas, crenças limitantes e o que não lhe serve mais. Em seguida, você pode substituir essa programação obsoleta por uma forma atualizada de operar no mundo que o sirva melhor e se alinhe com seu objetivo maior. As pessoas já usaram essa técnica para erradicar o medo de aranhas, de voar, de dirigir e de passeios em parques temáticos, entre outros. É realmente muito fácil de fazer e não há limites para os assuntos que ela pode esclarecer.

PONTOS DE TOQUE

Foram identificados nove pontos de contato.

1. O primeiro ponto de batida é o ponto de corte do karatê. Ele é abreviado como KC. Ele está localizado na lateral de cada mão. Para localizá-lo, encontre a parte carnuda da mão que fica logo abaixo do dedo

mínimo e acima do pulso. Esse ponto se conecta ao intestino delgado. Ele ajuda a liberar a dor, seguir em frente e encontrar alegria no momento presente.
2. O segundo ponto de contato é a sobrancelha. Ele é abreviado como EB. Para localizar esse ponto, passe o dedo ao redor do osso que contorna a órbita ocular. O ponto em que esse osso se encontra com as sobrancelhas é onde você deve tocar. Esse ponto se conecta à bexiga. Ele alivia traumas, tristezas e sentimentos de mágoa, permitindo a cura emocional e a paz interior.
3. O terceiro ponto de contato é a lateral do olho. Ele é abreviado como SE. Ele está localizado no osso próximo ao ponto de encontro das pálpebras superior e inferior. Esse ponto se conecta à vesícula biliar. Tocar nesse ponto promove clareza e compaixão e libera a raiva e o ressentimento.
4. O quarto ponto de contato é embaixo do olho. Ele é abreviado como UE. Em ambos os olhos, ele está localizado no meio do osso, diretamente abaixo do olho. Esse ponto se conecta ao estômago. Ele libera sensações de medo e ansiedade e, ao mesmo tempo, permite calma, contentamento e uma sensação de segurança.
5. O quinto ponto de contato fica sob o nariz. É abreviado como UN. Está localizado na área abaixo do nariz e acima do lábio superior. Ele se conecta ao ponto meridiano do Vaso Governador. Tocar nesse ponto ajudará a aliviar os sentimentos de impotência, vergonha, pesar, constrangimento e medo do fracasso,

ao mesmo tempo em que promove a autoaceitação, a autonomia e a compaixão.
6. O sexto ponto de contato é o ponto do queixo. Ele é abreviado como CP. Ele está localizado na reentrância sob o lábio inferior, na parte superior da área do queixo. Esse ponto se conecta com o meridiano central e aumenta sua capacidade de autoaceitação, confiança, certeza, clareza e segurança.
7. O sétimo ponto de contato é a clavícula. Ele é abreviado como CB. Se você mover o dedo ao longo da clavícula, encontrará um ponto em que ela faz uma leve reentrância antes de se elevar para criar a parte superior da forma de V que encontra o esterno. Nesse ponto de recuo, mova os dedos para baixo até sentir a parte superior do osso da primeira costela. Entre a clavícula e a ponta da costela está o ponto meridiano CB. Ele está localizado nos lados esquerdo e direito do corpo. Esse ponto se conecta aos rins. Ele ajuda você a seguir em frente, reduzindo a sensação de estar preso, e aumenta a confiança e a clareza.
8. O oitavo ponto de toque é a axila. Ele é abreviado como UA. Está localizado cerca de 10 cm abaixo da axila. Esse ponto se conecta ao baço. Ele o ajudará a lidar com a culpa, a preocupação, a obsessão, a indecisão e a crítica.
9. O nono ponto de toque é o ponto do topo da cabeça. Ele é abreviado como TOH. Ele está localizado bem no centro do topo de sua cabeça, se você olhar para ela de cima. Esse ponto se conecta a vários pontos de

energia e ao chakra da coroa. Ele ajuda na conexão espiritual, na clareza, na intuição e na sabedoria.

Para participar da técnica de toque:

1. Encontre um local silencioso onde você não se distraia com outra atividade enquanto faz o exercício
2. Feche os olhos e respire fundo, depois expire. Traga à mente a situação que o deixa ansioso (ou qualquer outra emoção ou situação que gostaria de trabalhar).
3. Ao sentir as sensações, considere o nível de desconforto que está sentindo. Atribua a ele uma medida de desconforto entre um e dez. Você pode rever seu nível de desconforto depois de fazer uma rodada completa de toque para determinar se houve melhora. Se não houver melhora após uma única rodada, você pode repetir o processo desde o início.

EXERCÍCIO DE TOQUE

Concentre-se apenas em um problema estressante por sessão. Toque nos pontos meridianos, seja com dois dedos para as áreas menores ou com quatro dedos para cobrir as áreas maiores. O processo leva menos de dez minutos.

Toque suavemente cerca de sete a dez vezes em cada um dos pontos meridianos, fazendo uma respiração abdominal profunda a cada novo ponto meridiano. Durante o processo, use sua intuição para orientar seu foco. Se sentir a necessidade de tocar por mais tempo em um determinado ponto meridiano, siga sua orientação interior, pois isso facilitará o processo de cura.

ESPIRITUALIDADE KEMÉTICA

Para começar, toque no ponto da costeleta de karatê enquanto faz as afirmações abaixo. Esse é o estágio de preparação. Durante esse estágio, você pode fazer uma afirmação que seja uma declaração de duas afirmações. A primeira declaração é para reconhecer o problema. A segunda afirmação é aceitar a si mesmo e deixar o problema de lado. Selecione uma afirmação da lista abaixo que você acha que está alinhada com o que está sentindo e repita-a enquanto toca cada um dos pontos meridianos. As afirmações foram ordenadas de acordo com os pontos gerais dos chakras do corpo. Portanto, você pode escolher uma afirmação que aborde a área do seu corpo que está mais desalinhada com o resto do corpo.

Declaração para seu Chakra Raiz:
Embora esteja sobrecarregado, escolho relaxar e me sentir seguro sabendo que Geb me apoia.

Declaração para seu Chakra Sacral:
Mesmo que eu me sinta desvalorizado, escolho me valorizar e permitir que Geb me guie na expressão de minhas emoções.

Declaração para seu Chakra do Plexo Solar:
Embora eu me sinta impotente, escolho me sentir autoconfiante. Faço isso sabendo que Auset permite que minha personalidade brilhe, enquanto Het-Heru me fornece energia sexual e solar, e Sebek fortalece minha capacidade de me comunicar com clareza.

Declaração para seu Chakra do Coração:
Embora esteja sentindo ansiedade, escolho me amar e me aceitar profundamente. Heru me dá a vontade de me amar e me aceitar. Isso está de acordo com a lei divina de Ma'at e é imposto por Heru-Khuti.

Declaração para seu Chakra da Garganta:

Mesmo que me sinta insegura, escolho expressar meu verdadeiro eu. Faço isso por meio do poder criativo de Sekhem que reside em mim.

Declaração para seu Chakra do Terceiro Olho:
Mesmo que me sinta inseguro, escolho confiar em minha intuição. Sei que o poder intuitivo de Djehuti reside em mim.

Declaração para seu Chakra da Coroa:
Embora eu me sinta pouco criativo, opto por receber inspiração. Eu a recebo de Ausar, que controla todos os eventos da vida.

Depois de concluir a fase de configuração, toque em cada um dos pontos meridianos, um por vez. Pense sobre o problema e deixe-o ir embora.

Afirmações de encerramento

Agora, faça uma segunda rodada de batidas nos pontos meridianos enquanto diz as seguintes afirmações:

- É seguro deixar isso de lado.
- Estou aberto a liberar essa questão.
- Estou encontrando paz em meu corpo.
- Estou forte, fundamentado e seguro em cada célula de meu corpo neste momento.

Depois de concluir o processo, pense novamente na situação incômoda e meça os níveis de desconforto em uma escala de um a dez, como fez anteriormente. Se os seus níveis de desconforto não tiverem diminuído depois de ter tocado em todos os pontos dos meridianos, repita o exercício desde o início.

TÉCNICA DE CURA ENERGÉTICA SEKHEM

A palavra *Sekhem* significa "Energia da Vida". Essa energia é produzida pela mistura de Shu e Tefnut e é o que sustenta todos os seres vivos. Essa é a energia vital com a qual nos envolvemos quando fazemos a cura energética Sekhem. Isso é feito por meio da interação com os chakras da alma e da terra. Esses são chakras adicionais aos sete chakras principais que examinamos anteriormente. O chakra da alma está localizado cerca de 30 cm acima da cabeça e armazena informações sobre todas as suas experiências de vida. O chakra da terra está localizado a 30 cm abaixo de seus pés. Ele conecta você à energia da terra e, portanto, à natureza e ao Neteru.

MÉTODO

A cura Sekhem canaliza a energia por meio desses chakras através dos meridianos de energia do corpo, usando as mãos do curador e quaisquer ferramentas que ele possa usar, como hastes de cura, como meio de transferência de energia. A canalização da energia pelos meridianos garante que haja um fluxo igual de energia por todo o corpo. O processo desbloqueia todos os chakras que possam estar bloqueados ou sofrendo drenagem. Quando todos os chakras são desbloqueados, a vitalidade total é mantida ou retornará ao corpo.

Como fonte de energia, o Shekem utiliza a energia da estrela Sirius, que, aliás, era referida pelos antigos egípcios como o lar das almas que partiram. Sirius também é conhecida como a estrela do cachorro, um lugar ao qual o povo Dogon da África Ocidental se referia antes mesmo de a astronomia moderna ter criado telescópios potentes o suficiente para identificá-la no cosmos. Além de Sirius, Sekhem também canaliza a energia de Lemúria e Órion.

Se você quiser se beneficiar da cura energética Sekhem, é recomendável encontrar um profissional que tenha estudado esse método de cura. O método usa técnicas e símbolos específicos que são conhecidos pelo praticante para ativar os diferentes chakras e invocar as energias terrestres e estelares necessárias.

O curador usa os símbolos de Sekhmet. Esses são símbolos multidimensionais desenhados no ar sobre cada chakra afetado. Esses símbolos são usados para guiar a energia dos sistemas estelares para as áreas afetadas. Eles invocam energias cósmicas específicas para ajudar no processo de alinhamento e cura.

Durante a sessão de cura da Sekhem, é normal que tanto o curador quanto o iniciado que está sendo curado experimentem a interação do mundo espiritual. Isso pode ocorrer na forma de flashes de imagens, cores, antepassados ou alguns dos deuses e deusas do antigo Kemet. Todos eles aparecem durante a sessão para fornecer apoio e orientação durante o processo. Para o curador, eles o orientam a identificar as áreas que precisam de mais trabalho e, portanto, de concentração extra para facilitar o processo de cura. Para o iniciado que está se submetendo ao processo de cura, a orientação é para ajudá-lo a determinar a direção de sua vida para alcançar o equilíbrio e viver em Ma'at. Após uma sessão de cura, se você teve vislumbres de deuses e deusas, seja ativo em seu envolvimento com eles. Faça uma pesquisa para descobrir o que esses deuses e deusas representaram durante o curso de suas vidas (você encontrará uma grande quantidade de informações nestas páginas). De quais áreas da vida eles estavam encarregados e quais desafios tiveram de superar? Depois disso, examine sua própria vida em busca de seme-

ESPIRITUALIDADE KEMÉTICA

lhanças e veja quais lições podem ser aplicadas. Pode ser que eles tenham aparecido para guiá-lo ou dar-lhe força em uma área específica de sua vida.

A sessão termina com o aterramento da energia do paciente. Isso é feito para garantir que ele permaneça aterrado após a sessão. Outros métodos de cura energética que não integram essa etapa às vezes deixam os pacientes atordoados após o processo, pois seus chakras permanecem expostos à estimulação externa. Para evitar isso, a Sekhem fundamenta a energia do iniciado antes e depois de cada sessão.

IMPACTO

Devido à sua conexão com o chakra da alma, a cura energética Sekhem tem um efeito benéfico além do corpo físico e do momento atual. Ela resulta em um nível mais elevado de consciência e remove bloqueios de energia que ocorreram como resultado de eventos passados. Portanto, nos casos em que as pessoas podem estar sofrendo com os efeitos prolongados de traumas ocorridos no passado, a cura pela energia Sekhem é uma boa ferramenta a ser usada para tratar e superar esses traumas passados.

A cura Sekhem traz benefícios emocionais positivos que são perceptíveis para as pessoas com quem você interage diariamente. Após a sessão de cura energética da Sekhem, é provável que as pessoas ao seu redor observem mudanças nos seus padrões de comportamento devido à sua maior consciência. Portanto, o impacto de uma sessão de cura da Sekhem pode ser sentido por semanas após a realização da sessão. Se os bloqueios de energia que foram removidos estiverem presentes no corpo há muito tempo, a sessão poderá alterar sua vida. O indivíduo poderá viver a vida com uma perspectiva diferente e energia renovada. Isso pode alterar a projeção de sua vida de forma positiva. Como a alma carrega memórias de vidas anteriores, pode haver casos em que a energia que está sendo limpa pode ter sido transportada de uma vida anterior. Essa energia residual estará acessível para limpeza por meio da cura Sekhem devido à interação com o chakra da alma.

O envolvimento com o chakra da terra e o Neteru resulta em um maior envolvimento com os ancestrais e guias espirituais. Eles também podem aparecer durante a sessão, seja como flashes momentâneos ou como uma presença constante durante toda a sessão. Na cura com Sekhem, espera-se que esses guias espirituais estejam na forma de Sekhmet ou Bastet. Eles também podem ser de outro representante dos cinco panteões responsáveis pela saúde, como Heka, Auset, Serket e Ta-Bitjet.

SEKHMET

Espera-se que a energia de Sekhmet seja sentida durante as sessões de cura, pois Sekhem é a energia que foi usada nos templos de cura. Essa energia de cura cai no domínio de Sekhmet. Sekhmet, cujo nome significa "a poderosa", é a deusa da cura e era a patrona dos templos de cura no antigo Kemet. Os sacerdotes e sacerdotisas desses templos curavam doenças físicas e espirituais com o uso da energia de Sekhmet. Sekhmet é uma força que continua a guiar os curandeiros atualmente. Aqueles que desempenham as funções que eram desempenhadas pelos sacerdotes e sacerdotisas dos templos de cura durante os tempos do antigo Kemet frequentemente invocam Sekhmet em suas várias formas para guiá-los em suas sessões de cura. Sekhmet também assume outras formas, como Bastet e Hathor. Cada forma que ela assume revela um lado diferente de sua personalidade e traz consigo elementos diferentes. Como Bastet, ela é a protetora dos indivíduos e dos lares. Ela os protege de doenças e espíritos malignos e, ao mesmo tempo, os imbui de boa saúde e fertilidade. Como Hathor, ela é a protetora divertida das mulheres e a deusa da maternidade.

PANTEÕES DA SAÚDE

De acordo com as práticas do antigo Kemet, há cinco panteões que são responsáveis por nossa saúde. São eles: Sekhmet, Heka, Serket, Ta-Bitjet e Auset. Já discutimos a Sekhmet com cabeça de leão e seu papel como patrona dos sacerdotes e sacerdotisas da cura. Ela tem a capacidade de trazer a cura e a fecundidade, ao mesmo tempo em que mantém a capacidade de trazer a pestilência e a destruição. Portanto, sua capacidade de infligir pestilência lhe dá uma compreensão da doença e de como removê-la, da mesma forma que sua capacidade de destruição a capacita a construir.

Heka

O próximo panteão em nossa lista é Heka, o deus da magia e da medicina. Ele usa um capacete com o que parece ser dois braços levantados saindo dele. Ele carrega um cajado com duas cobras entrelaçadas. Seu cajado sobreviveu ao tempo e às culturas para se tornar um símbolo moderno da medicina. A magia era parte integrante do antigo Egito, mesmo além da morte. Aqueles que não tinham fé em sua capacidade de sobreviver à pesagem de suas almas em relação às 42 leis de Ma'at se certificavam de que aprendiam magia suficiente para que pudessem passar pela

ESPIRITUALIDADE KEMÉTICA

provação. Isso tornou Heka um aspecto importante da vida e da vida após a morte, pois ele era responsável pela magia. Entretanto, a magia não era importante apenas para acessar a vida após a morte. A presença de Heka era generalizada no antigo Kemet devido ao fato de a magia fazer parte da vida cotidiana, mesmo para os vivos. O conhecimento e o uso da combinação certa de palavras são essenciais, pois a magia é transmitida na forma de palavras, tanto escritas quanto faladas. Até mesmo a vida após a morte estava repleta de magia. Aqui, aqueles que não tinham conseguido alcançar o equilíbrio por meio das 42 leis de Ma'at usavam feitiços para ajudá-los a passar pelo teste que dava acesso à vida após a morte.

SERKET

Serket é uma deusa da cura, com ênfase especial na cura de mordidas venenosas. Essa ênfase é destacada pelo escorpião que ela usa na cabeça como uma coroa. Ela também é uma deusa da natureza, dos animais, da magia e da fertilidade. O ankh que ela carrega tem sido frequentemente identificado como um símbolo do útero; portanto, é apropriado que as representações de uma deusa da fertilidade a mostrem carregando um ankh.

TA-BITJET

Ta-Bitjet é uma deusa protetora. Suas áreas de atuação incluem mordidas, picadas, venenos e o hímen. Sua metodologia inclui o uso de feitiços e o uso do sangue de seu próprio hímen como antiveneno. Nas representações de Ta-Bitjet, ela assume a forma de um escorpião com a cabeça de uma mulher.

AUSET

Auset, conhecida pelos gregos como Ísis, é a deusa curandeira suprema. Ela trouxe seu marido morto, Ausar, de volta à vida em várias ocasiões. A primeira vez foi depois que ele foi morto por seu irmão e seu caixão foi jogado em um rio. Quando o caixão deu à costa, uma árvore de Djed com um aroma atraente começou a crescer a partir dele. A árvore foi cortada e transformada em um pilar para o rei de Byblos. Para recuperar a árvore, Ísis primeiro realizou a tarefa restauradora de curar o filho do rei. Depois disso, ela voltou com o pilar e libertou seu marido de dentro dele. Seu irmão o matou uma segunda vez. Dessa vez, para garantir, ele cortou Ausar - também conhecido como Osíris - em 14 pedaços e os espalhou ao longo do rio Nilo. A fiel Auset reuniu todos os pedaços que conseguiu encontrar e os juntou para o enterro. Não encontrando o pênis, ela criou um para que seu marido pudesse ser enterrado inteiro. Essa foi a segunda vez que ela conseguiu extrair vida do corpo de seu marido morto. Ser enterrado inteiro era um requisito importante para que ele fosse aceito na vida após a morte. Nessa forma inteira, seu marido a visitou em um sonho e a engravidou. Observe como o marido de Auset estava em forma de espírito quando a engravidou. Além disso, devido ao fato de Ausar passar a maior parte do tempo tentando sobreviver às armadilhas de seu irmão Set, ele e Auset nunca consumaram o casamento. Portanto, quando o espírito de Ausar engravidou Auset, essa foi a primeira Imaculada Concepção registrada. Depois disso, outras religiões e sistemas de crenças tiveram relatos semelhantes.

. . .

ESPIRITUALIDADE KEMÉTICA

Todos esses panteões de cura podem ser chamados para ajudar no processo de cura, especialmente quando se está lidando com a especialidade de uma divindade, seja fertilidade, picadas ou ressurreição de aspectos de sua vida que parecem estar mortos. Ao fazer seus pedidos a elas, guie-se por suas histórias. Isso deve incluir os desafios que eles superaram e as façanhas impossíveis em que se envolveram durante suas vidas na Terra. Esteja ciente de que alguns desses panteões existiram no plano terreno em algum momento - ou nasceram nele, como Auset, ou foram enviados à Terra em algum momento para realizar um feito específico, como Sekhmet. Se não andaram pela Terra, eles se envolveram com indivíduos comuns diariamente. Esse é o caso de Heka, que foi chamada para ajudar em todas as áreas da vida e também na morte.

Ao iniciar sua jornada com a cura Sekhem tenha em mente os vários aspectos que a tornam tão poderosa. Ela proporciona uma experiência de cura holística que envolve além dos sete chakras principais, incluindo os chakras da alma e da terra. Ao envolver esses chakras, a energia é derivada do cosmos e da terra. Esse método de cura permitirá que você lide com questões do passado e do presente. A orientação intuitiva e o insight recebidos da energia de Sirius, dos ancestrais e dos panteões de cura egípcios fazem com que essa forma de cura tenha a capacidade de transformar a trajetória de sua vida.

АРЕР

8

RITUAIS ESPIRITUAIS KEMÉTICOS DIÁRIOS QUE VOCÊ PODE COMEÇAR AGORA PARA FLORESCER A DIVINDADE

Ma'at é a deusa da verdade, da harmonia, da lei e da justiça. Ela é geralmente retratada em uma posição ajoelhada, com uma perna dobrada sob o corpo e o joelho da outra perna apontando para cima, enquanto a sola do pé correspondente fica no chão. Seus braços alados se estendem à sua frente ou dos lados do corpo.

A pena de avestruz que ela usa na cabeça é a mesma pena que ela usa para pesar nossas almas quando passamos da terra para o céu. Juntamente com seus companheiros, Djehuti e Hathor, são suas ações que determinam se a vida de uma pessoa deve cessar totalmente ou se ela pode continuar na vida após a morte.

Portanto, ao acordar, é benéfico recitar as leis de Ma'at como uma intenção para o dia. Elas devem servir como um lembrete das coisas das quais você se absterá. No final do dia, recite essas leis novamente como um meio de refletir sobre o seu dia e determinar se você viveu o dia como pretendia inicialmente.

RECITAÇÃO DAS LEIS DE MA'AT

As Leis de Ma'at também são conhecidas como os 42 Princípios de Ma'at. Elas servem como um conjunto de princípios orientadores para a vida. Os Dez Mandamentos são destilados dessas leis.

As 42 leis do Ma'at são as seguintes:

1. Não cometi pecado.
2. Não cometi roubo com violência.
3. Não roubei.
4. Não matei homens e mulheres.
5. Não roubei alimentos.
6. Não enganei as ofertas.
7. Não roubei de Deus.
8. Não contei mentiras.
9. Não levei comida.
10. Não amaldiçoei.
11. Não fechei meus ouvidos para a verdade.
12. Não cometi adultério.
13. Não fiz ninguém chorar.
14. Não senti tristeza sem motivo.
15. Não agredi ninguém.
16. Não sou enganador.
17. Não roubei a terra de ninguém.
18. Não tenho sido um bisbilhoteiro.
19. Não acusei ninguém falsamente.
20. Não fiquei com raiva sem motivo.
21. Não seduzia esposa de ninguém.
22. Não me contaminei.

ESPIRITUALIDADE KEMÉTICA

23. Não aterrorizei ninguém.
24. Não desobedeci à lei.
25. Não fiquei excessivamente irritado.
26. Não amaldiçoei a Deus.
27. Não me comportei com violência.
28. Não causei perturbação da paz.
29. Não agi precipitadamente ou sem pensar.
30. Não ultrapassei meus limites de preocupação.
31. Não exagerei em minhas palavras ao falar.
32. Não pratiquei o mal.
33. Não tenho usado maus pensamentos, palavras ou ações.
34. Não poluí a água.
35. Não falei com raiva ou arrogância.
36. Não amaldiçoei ninguém em pensamento, palavra ou ação.
37. Não me coloquei em um pedestal.
38. Não roubei o que pertence a Deus.
39. Não roubei nem desrespeitei o falecido.
40. Não tirei comida de uma criança.
41. Não agi com insolência.
42. Não destruí a propriedade pertencente a Deus.

(AncientEgypt, n.d.)

ESTUDO

Uma maneira de aumentar sua vida espiritual é reservar um tempo para estudar textos religiosos. Esses textos podem ser de qualquer uma das principais religiões do mundo. A razão pela qual o estudo de diferentes religiões o levará ao kemetismo é que há suspeitas de que essas religiões tenham a religião kemética como base. Você pode descobrir isso por si mesmo se estudar o suficiente. Por exemplo, uma virgem que concebeu um bebê por meio da concepção imaculada é uma história semelhante à de Auset, Ausar e Heru. O mundo que foi trazido à existência pelo som é a história de Ra e Nefertum. O mundo emergindo da água em várias formas é um reflexo da rocha BenBen emergindo das águas do caos. Muitos acreditam que essas histórias foram reempacotadas e recontadas por diferentes culturas ao redor do mundo. É por isso que, em sua base, as histórias religiosas frequentemente apontam para o Kemet.

Você também pode se beneficiar do estudo da mitologia e da religião do antigo Kemet. Com a leitura deste livro, você terá aprendido que o conhecimento dos deuses e deusas é fundamental para o modo de vida kemético. A compreensão das histórias individuais e das interações entre as divindades o ajudará em sua caminhada pessoal e em seus compromissos com outras pessoas. Isso pode ser feito usando o conhecimento dos arquétipos que as divindades representam e as áreas de sua vida que eles refletem. Estudar as histórias keméticas juntamente com outros mitos religiosos o ajudará a ver a conexão entre os princípios e as crenças das principais religiões do mundo e as do Kemet. Você poderá então entender que, embora a religião possa ter mudado ao longo do tempo, os princípios centrais que guiam a humanidade permaneceram os mesmos. Você poderá perceber que a humanidade continua a ser guiada pelas mesmas forças de sempre. Isso deve ajudá-lo a encontrar uma maneira de identificar o método de adoração que o faz se sentir mais alinhado com o divino.

ESPIRITUALIDADE KEMÉTICA

Ter um conhecimento profundo das divindades o ajudará a identificar a quem recorrer quando se deparar com vários desafios. Ao praticar a teurgia, você pode então assumir os aspectos da divindade que podem ajudá-lo a superar o desafio. Ao estudar a palavra de Deus no formato em que ela está disponível para você, você receberá conhecimento e discernimento que poderá utilizar diariamente. Você receberá orientação adicional na forma de práticas e rituais religiosos que cada religião mantém como temas centrais. Eles estão incorporados em seus ensinamentos e envolvem atos como a importância de dar como contrapeso à bênção de receber. Essa é a lei da causalidade, e a maneira pela qual ela é frequentemente ensinada é incentivar bons resultados em sua vida criando o mesmo para os outros.

O ato de orar é fundamental para a maioria das religiões. Isso envolve comunicar-se com o divino ou invocá-lo em busca de ajuda para atingir as metas da vida. Esse é o princípio do mentalismo em ação, pois você se conecta com o divino em um nível mental. Ao fazer isso, você comanda o poder de mover os átomos, os blocos de construção da criação, de forma a garantir a realização de suas metas. Quanto mais você conseguir acalmar a mente por meio de práticas como a meditação, maior será sua capacidade de usar a oração como um recurso para gerar as circunstâncias e as pessoas que o direcionarão para o próximo passo necessário para realizar o desejo pretendido.

A existência do bem e do mal no mundo é retratada em várias religiões, assim como a maneira pela qual o mal pode ser superado pelo bem. Quando esses elementos são personificados em indivíduos bons e maus, é o princípio da polaridade que está sendo explicado de uma forma prática que a mente comum pode compreender.

Portanto, as religiões instigam em você uma compreensão inicial de como as divindades podem operar em sua vida. Além disso, elas fornecem um meio prático de incorporar as Leis herméticas às atividades diárias. Esses meios são por prática de atividades de alcance comunitário, doações à instituição religiosa e a outras instituições, e uma insistência na oração e no ritual como parte integrante de sua vida. Essas Leis Herméticas são uma parte importante da vida em harmonia com a criação e do avanço na realização de suas metas.

ALIMENTAÇÃO LIMPA

Tente fazer uma dieta que tenha capturado a energia do sol na forma de folhas verdes e alimentos coloridos que sejam ricos em anticorpos. Isso significa que sua dieta deve ser proveniente de alimentos naturais e não refinados, tanto quanto possível. Quando você consome muitos alimentos refinados, eles são difíceis de digerir. Os resíduos desses alimentos têm dificuldade para serem expelidos do corpo, causando bloqueio de energia e possíveis riscos à saúde devido ao bloqueio do chakra sacral. Por outro lado, uma dieta de origem vegetal fornece a quantidade máxima de nutrição ao seu corpo, ao mesmo tempo em que proporciona benefícios à saúde, inclusive a capacidade de se concentrar mais durante o exercício meditativo, devido à menor quantidade de energia gasta no processo digestivo.

A incorporação de rituais espirituais diários permitirá que você mantenha o foco no propósito de sua vida. Os rituais espirituais podem incluir atividades como acender velas e incensos, recitar orações, praticar ioga e meditação diariamente. Os lembretes diários que ocorrem durante suas orações e sua prática meditativa o ajudarão a viver em alinhamento com as leis de Ma'at. Isso ocorrerá à medida que você alinhar sua mente com a consciência universal e praticar princípios que tirem proveito das leis herméticas.

MEDITAÇÃO

A meditação é um método usado para concentrar sua mente. A capacidade de focar sua mente com clareza é essencial para atingir os objetivos de sua vida. Ela permite que você se sobressaia em relação aos seus desejos em meio a situações de distração. É também uma habilidade que permite que você se sintonize com os elementos da divindade ao seu redor. Portanto, ela permite a atenção plena e a capacidade de resposta às pistas e aos estímulos que podem ser as maneiras pelas quais os deuses e as deusas estão tentando transmitir uma mensagem a você. Sem o foco e a atenção plena que a meditação traz para a sua vida, você pode ter dificuldade em se envolver nas atividades essenciais para a teurgia e viver de uma maneira que o alinhe continuamente com a divindade.

Reserve um tempo diário para limpar sua mente e permitir que a sabedoria divina o inspire. Incorpore a ioga e alguns exercícios de cura dos chakras em sua prática meditativa. Esses exercícios podem assumir a forma de afirmações e garantirão que os chakras de seu corpo permaneçam limpos. Chakras totalmente alinhados permitem que você viva uma vida equilibrada e saudável, tanto quanto possível. A limpeza da mente que a meditação proporciona cria uma plataforma para a inspiração divina entrar em sua vida. Você só pode receber novas mensagens quando sua mente não está cheia de pensamentos caóticos da vida cotidiana.

Concentrar-se dessa maneira permitirá que você tenha um vigor renovado e um senso de propósito para abordar suas atividades diárias. A meditação provoca a quietude da mente. Portanto, a atenção plena é um aspecto importante da meditação. Isso pode ser praticado concentrando-se em um objeto visual, um som ou uma imagem mental. O trabalho de respiração também é importante para a meditação. Apresentarei a você alguns exercícios que incorporam o trabalho de respiração e se concentram em diferentes aspectos. Cada exercício será apresentado para uma finalidade específica e poderá ser ajustado para atender às suas necessidades específicas.

MEDITAÇÃO PARA CRIAR

É melhor fazer essa meditação quando estiver no início ou no meio de um projeto criativo. Você também pode usá-la como uma forma de começar o dia. Ela permite que você acesse o fluxo universal da consciência criativa para que possa aproveitá-lo para sua própria criatividade. Ele lhe proporciona uma compreensão profunda de como o processo universal que cria grandes galáxias é o mesmo processo que cria flores delicadas. Quando conseguir entender esse conceito, você poderá aplicá-lo em sua vida como criador. Isso se aplica a todas as formas de criatividade, seja uma obra de arte, uma música, a montagem de uma cadeira ou um programa de computador. Para criar qualquer coisa de forma eficaz, você precisa acessar a energia criativa que reside dentro de cada um de nós.

Antes de iniciar esse exercício meditativo simples, porém eficaz, é bom aprender a técnica de respiração em caixa. Ela é

ESPIRITUALIDADE KEMÉTICA

chamada de respiração em caixa porque a inspiração e a expiração têm a mesma duração. Há também uma duração semelhante para prender a respiração em ambos os lados dessas duas ações. Isso torna o processo de respiração semelhante a desenhar um quadrado ou uma caixa com sua respiração. Para usar essa técnica, inspire por quatro segundos e, em seguida, prenda a respiração por quatro segundos. Depois disso, expire por quatro segundos e mantenha a respiração expirada fora dos pulmões por quatro segundos antes de inspirar novamente. Repita o exercício de respiração em caixa antes de passar para a próxima seção. Novamente, inspire por quatro segundos, mantenha a inspiração por quatro segundos, expire por quatro segundos e mantenha a expiração por quatro segundos. Quando você sentir que aperfeiçoou a técnica de respiração em caixa, poderá passar para o aspecto de visualização do exercício de meditação. Ao visualizar, continue a praticar o exercício de respiração em caixa.

    Sente-se com as pernas cruzadas no chão e com as mãos relaxadas uma sobre a outra em seu colo. Imagine o processo de criação quando Nefertum estava sentado no Lótus, falando as palavras da criação ao lado de Rá. Ao inspirar e expirar, imagine esse poder de criação e imagine-se participando desse processo. Imagine novas galáxias nascendo à medida que você as fala, enquanto, ao mesmo tempo, uma flor é formada no caule de uma planta. A flor forma um botão e cresce até desabrochar completamente, enquanto a nova galáxia está sendo criada. Inspire e expire usando a técnica de respiração em caixa enquanto explora o poder de criação que reside em você. Por cinco minutos, mantenha esse aspecto de usar suavemente a técnica de respiração em caixa enquanto imagina o processo de criação. Se não conseguir manter o foco por cinco minutos, mantenha-o pelo máximo de tempo que puder, enquanto se prepara para isso. Se conseguir manter o foco por mais de cinco minutos, recomendamos que o faça, pois isso aumenta sua capacidade de se alinhar com o divino.

MEDITAÇÃO DA ALEGRIA

Encontre uma posição confortável, seja sentada com as pernas cruzadas no chão ou deitada de costas. Feche os olhos e deixe a cabeça cair ligeiramente para a frente em uma postura relaxada. Inspire profundamente pelo nariz para permitir que o impacto da respiração empurre seu estômago para fora. Quando isso acontecer, saiba que está respirando pelo diafragma. Expire suavemente pelo nariz ou pela boca, empurrando todo o ar para fora dos pulmões antes de inspirar profundamente outra vez. Enquanto estiver sentado nessa posição relaxada, incline a cabeça de um lado para o outro, permitindo que o lado direito do pescoço se alongue ao inclinar a cabeça para o lado esquerdo. Respire fundo nessa posição e expire antes de inclinar a cabeça para o lado direito, de modo que o lado esquerdo do pescoço fique esticado.

Agora que você está totalmente relaxado, leve sua mente de volta a um momento em que riu incontrolavelmente. Talvez até mesmo um momento em que você riu tanto que chorou. O que estava acontecendo naquela ocasião? Com quem você estava? O que inspirou tanto riso? Que atividade física você estava fazendo antes disso, se é que estava fazendo alguma? O que você fez depois? Você consegue se lembrar dos sons, cheiros e sabores daquele dia? Quando você se lembra desse dia, o que vê em sua mente? Deixe seus músculos relaxarem ao se lembrar dessas sensações e de como a ocasião o fez se sentir. Se você sentir vontade de sorrir com a lembrança, vá em frente e sorria. Se recontar uma piada da maneira como ela foi contada o fizer rir novamente, permita-se a liberdade de rir. Sinta a emoção em seu peito enquanto continua a inspirar e expirar, lembrando-se do momento. Sinta a liberdade daquele momento em que você riu com tanta alegria. Continue a respirar enquanto tenta se lembrar do máximo de detalhes que puder sobre esse momento.

Reconheça que esse momento em particular sempre estará com você e que, para sentir essas sensações novamente, tudo o que você precisa fazer é fechar os olhos e lembrar. Sabendo disso, pense no momento mais uma vez, permitindo-se sentir a alegria que sentiu e o riso que permeou seu ser. Continue respirando enquanto desfruta da sensação. Continue a respirar enquanto desfruta dessa sensação. Quando estiver pronto para sair do momento, levante o queixo de modo que seu rosto fique voltado para a frente. Agora, levante os braços de cada lado até que suas mãos estejam acima da cabeça. Permita que as palmas das mãos se toquem suavemente. Inspire e expire suavemente. Repita o processo de inspiração e expiração, certificando-se de respirar profundamente. Agora abra os olhos e prepare-se para enfrentar o dia com alegria interior.

MEDITAÇÃO PARA MA'AT

Essa é uma boa meditação para fazer nos momentos em que você se sente um pouco fora de controle ou como se estivesse fora de sincronia com o mundo ao seu redor.

Sente-se com as costas retas, no chão ou em uma cadeira. Coloque as mãos nos joelhos e feche os olhos. Respire fundo e, ao expirar, pense na palavra "equilíbrio". Inspire novamente e, dessa vez, ao expirar, pense na palavra "harmonia". Repita o processo, usando as palavras "paz", "justiça" e "ordem" como os assuntos em que você se concentra a cada expiração. Equilíbrio, harmonia, paz, justiça, ordem. Passe dez minutos contemplando essas palavras e o que cada uma delas significa para você. Depois de dez minutos, abra os braços de cada lado do corpo. Gire o tronco para a esquerda e, em seguida, gire o tronco para a direita. Abra os olhos e saia de seu estado de contemplação.

MEDITAÇÃO PARA RENOVAÇÃO E CONFORTO

Faça essa meditação quando você se sentir sem energia. É um lembrete de que podemos renovar nossos níveis de energia, desde que tenhamos tempo para descansar. Duas posições de ioga são usadas para o exercício. A primeira posição de ioga é Khepri - o escaravelho. Para entrar nessa posição de ioga, ajoelhe-se enquanto se senta sobre os quadris. Inspire profundamente e expire. Incline-se para frente, usando as mãos para se firmar. Abaixe o corpo até que a testa toque o chão e os braços estejam estendidos à frente com as palmas das mãos voltadas para baixo. Enquanto estiver deitado nessa posição, considere a renovação do escaravelho que vem ocorrendo há milênios. Todos os anos, quando o rio Nilo transborda, o escaravelho cava fundo no solo. Quando as águas recuam, o besouro emerge renovado. Enquanto estiver deitado nessa posição, mergulhe fundo em si mesmo, examinando mentalmente todo o seu corpo, dos pés à cabeça. Faça isso três vezes, observando como você se sente em todos os pontos meridianos do corpo. Depois de fazer isso três vezes, concentre-se no chakra do plexo solar. Ao inspirar e expirar, considere como a respiração diafragmática está fornecendo energia e oxigênio a esse chakra. Veja essa energia crescendo como uma bola amarela que se expande para preencher todo o seu corpo com luz amarela. Quando se sentir renovado, use as palmas das mãos para empurrar o corpo para cima e sente-se sobre os quadris. Descanse com as palmas das mãos na parte superior das coxas por alguns minutos. Agora, levante-se e fique de pé para que possa se envolver no aspecto de conforto da meditação.

Fique em pé com os pés afastados na largura dos ombros. Levante os braços ao lado do corpo de modo que eles fiquem estendidos na altura dos ombros. Balance os dois braços para trás enquanto inspira. Agora, leve os braços para frente enquanto expira. Ao fazer isso, imagine que Aset está de pé atrás de você, espelhando seus movimentos. Quando suas mãos chegarem à frente do corpo, permita que um braço cruze o corpo abaixo do outro, de modo que as mãos não se toquem. Em vez disso, deve haver um movimento contínuo de suas mãos da frente do corpo para as laterais do corpo à medida que você inspira e expira. Repita o movimento e o exercício de respiração cinco vezes. Depois disso, leve os braços para a frente e cruze-os um sobre o outro em um abraço. Feche os olhos e imagine Aset continuando a espelhar seus movimentos e abraçando você. Enquanto estiver nessa posição, inspire e expire cinco vezes. Agradeça a Aset, abra os olhos e entre no restante do seu dia.

ORAÇÃO KEMÉTICA

A oração é uma conversa com Deus de uma forma que espera que Ele receba a mensagem e responda ao que está sendo apresentado. As respostas podem ser na forma de uma voz audível, uma visão, um sonho, um evento ou uma série de coincidências que se alinham com a resposta que você buscou em oração. A oração teúrgica é mais do que isso. Ao praticar a teurgia, tentamos elevar nossos espíritos para que se alinhem intimamente com os dos deuses e deusas. Ao buscar soluções nas áreas de nossas necessidades espirituais, tentamos incorporar as personas dos deuses e deusas que têm o conhecimento e as respostas que buscamos. É dessa forma que buscamos o crescimento espiritual.

A prática da teurgia é aquela em que um relacionamento próximo com as divindades é forjado por meio do uso de palavras, elementos físicos e movimentos corporais associados a divindades específicas. Isso pode ser feito na forma de movimentos específicos de ioga, pronunciamento de palavras específicas ou nomes de divindades e rituais como o acendimento de velas ou incenso para criar uma atmosfera espiritual. Isso permite que nos envolvamos diretamente com as divindades e as incorporemos por meio da combinação de elementos, ações e palavras para criar rituais específicos para abrir o caminho para o alinhamento com elas e a iluminação dentro de nós mesmos.

Portanto, ao praticar a Espiritualidade Kemética, o ato de orar vai além de proferir uma seleção de palavras em uma ordem específica. Embora as palavras continuem a fazer parte da prática, a oração kemética exige uma contribuição maior de sua parte, pois requer que você esteja mais em sintonia com o espírito divino que deseja envolver ou incorporar. Quando você está em sintonia ou procura estar em sintonia com essa divindade, você usará o conhecimento da sua pesquisa para ajudá-lo no processo. Você realizará as ações, tomará as bebidas e se envolverá nas práticas que você sabe que a divindade se envolveu. Você também usará a visualização como um meio poderoso de dar vida às palavras que

ESPIRITUALIDADE KEMÉTICA

está pronunciando. Dessa forma, você procurará incorporá-las totalmente. Uma maneira de alcançar esse resultado é usar os métodos e práticas que você conheceu ao longo deste livro.

Os registros das práticas do templo falam da queima de incenso sobre uma fogueira ou brasas que eram mantidas acesas para esse fim. Com o tempo, deixamos de frequentar vários templos ao longo do dia e estamos cada vez mais passando nossos momentos de adoração em nossos espaços pessoais. Isso exigiu a substituição das fogueiras abertas e das brasas sobre as quais o incenso era queimado inicialmente. As velas e o incenso em forma de bastões e cones foram os substitutos que encontramos. Isso nos permitiu continuar a tradição e honrar os deuses.

No antigo Kemet, o incenso era aceso ao amanhecer, ao meio-dia e ao pôr do sol como um meio de permitir que as orações fossem elevadas aos céus e atendidas pelos deuses devido ao aroma doce que acompanhava essas orações. Os tipos de incenso usados variavam de acordo com a hora do dia. Ao amanhecer, usava-se incenso. Ao meio-dia, usava-se mirra, enquanto ao anoitecer era a oportunidade de acender o Kyphi. O Kyphi era um incenso complexo. Era comestível e usado para curar doenças e também queimado como oferenda. Sua composição envolvia vários ingredientes, como mel, incenso, hortelã, passas, resina de pinheiro, pinhões, canela, mirra e bagas de zimbro. A queima de velas perfumadas e incenso ao pôr do sol tem o benefício adicional de tornar seus sonhos mais vívidos.

Além do incenso diário, tipos específicos de incenso eram usados para invocar divindades identificadas. Por exemplo, a mirra era usada para invocar Asar, Auset, Hathor e Anúbis. Além disso, Anúbis era atraído por cedro e incenso. O incenso também era usado para invocar Hathor. Usando esse conhecimento, o

151

incenso e as velas perfumadas para essas divindades específicas podem ser queimados ao nascer do sol, ao meio-dia e ao pôr do sol. A queima de incenso ou velas perfumadas é um bom acompanhamento para suas orações, pois você pode seguir os hábitos dos antigos egípcios. Se não tiver a oportunidade de ir ao templo três vezes ao dia, você pode optar por usar a fumaça perfumada do fogo na forma de incenso e velas ao fazer suas orações. Isso pode atrair a atenção dos deuses para que atendam a seus pedidos.

Ao pedir com a expectativa de receber, recomenda-se que você pratique a gratidão como Hathor, mantendo uma crença profunda de que suas orações já foram respondidas. Praticar a gratidão dessa forma permite que você mantenha um estado de Ma'at. Também é uma boa ideia declarar os eventos com a autoridade de Heru quando ele estava na forma de Nefertum e deu existência à criação. Ao declarar a existência de algo, você vai além de pedir e passa a acreditar que seus pedidos serão atendidos no momento em que você os fizer. Ao fazer isso, você começará a usar a energia universal descrita nas leis herméticas e, assim, entrará em alinhamento com o poder da energia que está incorporando e invocando.

Ao adotar a atitude e as palavras corretas, tente alinhar seus movimentos com os deuses e deusas. A melhor maneira de fazer isso é por meio da prática da ioga kemética, conforme retratada nas paredes dos templos e nos rolos de papiro. O capítulo bônus sobre ioga kemética, incluído no final deste livro, pode fornecer algumas orientações sobre como usar a ioga para incorporar os deuses e as deusas. Ele também fornecerá orientação sobre os movimentos que você pode usar em conjunto com algumas das orações específicas fornecidas mais adiante neste capítulo. Assim como seu corpo se alinha com as ações divinas, seu estado de espí-

ESPIRITUALIDADE KEMÉTICA

rito também deve estar alinhado com o divino. É somente com esse estado de espírito que você pode participar do ato contínuo de criação que está ocorrendo constantemente à medida que o universo continua a se expandir para fora. Ao garantir o equilíbrio e a harmonia em sua própria vida, você permite que o mesmo ocorra no universo. Isso está de acordo com a lei hermética da correspondência que diz: "Como é em cima, assim é embaixo". Ao fazer isso, você se torna um cocriador de mais do que a sua vida, mas também do universo. Esse é o estado em que é benéfico buscar viver diariamente.

Portanto, seria favorável se uma atividade de oração abrangente fizesse parte de sua vida diária. Comece cada dia com uma oração. Se possível, faça isso entre 4h e 6h da manhã, que é o início do dia. Isso permite que você alinhe suas intenções com o próprio sol, pouco antes de ele fazer sua jornada diária pelo céu.

Essa hora do dia é a mais tranquila em termos de falta de perturbação das atividades do dia e dos dispositivos eletrônicos que interferem em nosso foco, pois competem por nossa atenção. Você estará em um estado de espírito mais calmo do que no resto do dia. A parte inicial do dia, depois de acordar, também é o momento em que suas mentes consciente e subconsciente estão mais conectadas umas às outras, pois acabaram de sair do mundo dos sonhos. Evite recorrer à tecnologia logo pela manhã, pois ela vibra em uma frequência diferente da do seu corpo e da sua alma. Além disso, no momento em que ligar a televisão, o rádio ou o celular, sua atenção será redirecionada. Você não estará mais concentrado internamente em si mesmo e em seus guias espirituais, como deveria estar. Em vez disso, sua atenção será desviada pela tecnologia e pela mídia que consomem muito tempo. Se quiser crescer espiritualmente, esse é um momento integral do dia para se conectar espiritualmente e refletir sobre quaisquer mensagens que você possa ter recebido do divino na forma de sonhos.

Se você se lembrar de seus sonhos, reserve um tempo para repassá-los enquanto tenta recordá-los em detalhes. Peça orientação para entender quaisquer mensagens que possam ter sido transmitidas por seus guias espirituais em formato de sonho. É uma boa ideia manter um diário de sonhos no qual possa registrar todos os sonhos de que se lembrar. Isso permitirá que você acompanhe quaisquer temas recorrentes para ajudar a determinar se há uma mensagem especial sendo comunicada a você. Se os seus sonhos forem proféticos, dando um aviso ou anúncio de um evento futuro, ter um registro escrito fornecerá evidências de que a profecia veio antes da ocorrência real. Isso fortalecerá sua crença nas mensagens recebidas e o ajudará a identificar padrões que possam ser aplicados à interpretação de sonhos no futuro. Se você tiver uma compreensão do sonho, peça a ajuda divina para saber que medidas tomar para implementar quaisquer ações que possam ter sido sugeridas pelo sonho ou para saber que medidas tomar em seguida para manifestar seus desejos. Se você não tiver compreensão do sonho, procure temas, pessoas, lugares e eventos que contenham significado para sua mente subconsciente. Isso pode fornecer orientação para mapear os símbolos e arquétipos de seus sonhos com os do mundo ao seu redor.

Quando fizer suas orações diárias, sempre o faça com um espírito de gratidão e com a intenção de viver sua vida em equilíbrio com as leis do universo. Em suas orações, reflita sobre as leis de Ma'at e peça orientação nas áreas em que você se sente mais fraco em sua capacidade de defender. Reserve um tempo para mencionar as áreas de necessidade em sua vida e peça provisão

ESPIRITUALIDADE KEMÉTICA

para essas áreas. Ao invocar Ma'at, as combinações específicas de incenso que você pode usar incluem âmbar e mirra; gardênia e rosa; lavanda e sálvia; incenso e sândalo; jasmim e baunilha; sálvia branca e sangue de dragão; patchouli e tangerina; e cítricos e madeira de cedro. Qualquer uma dessas combinações pode ser acesa antes de iniciar seu ritual de oração.

Ore pela saúde de seu corpo, em especial pelos órgãos essenciais do corpo chamados de filhos de Heru. Peça saúde para seu fígado, pulmões, estômago e intestinos. Peça que eles sejam protegidos por Imsety, Hapi, Duamutef e Qubehsenuf, respectivamente. Peça que eles façam isso com a ajuda de Ísis, Néftis, Neith e Selket, da mesma forma que essas divindades protegerão esses órgãos na vida após a morte. Peça clareza e orientação sobre como cuidar desses órgãos para garantir uma vida longa e saudável.

ORAÇÕES ESPECÍFICAS

Ao orar, esteja ciente de que diferentes divindades são responsáveis por diferentes áreas da vida. Portanto, você deve tentar direcionar suas orações de acordo com suas necessidades predominantes em um determinado momento. É mais provável que uma oração direcionada tenha o resultado específico que você precisa do que uma oração geral. Embora essas orações gerais abranjam todas as áreas, elas também chamam a atenção para as áreas que não requerem atenção imediata. Por serem orações genéricas, talvez você não registre os resultados quando eles ocorrerem. Lembre-se de que, ao orar, você não está apenas invocando os deuses e as deusas, mas também está se envolvendo com as forças universais. Portanto, é necessária uma atitude focada para que você possa ter o maior impacto possível. Para obter esse foco, é aconselhável começar com um pouco de meditação. Isso limpará sua mente de pensamentos desnecessários, permitindo que você leve apenas o seu pedido para a conversa com as divindades, deixando para trás qualquer negatividade e frustração.

A seguir, apresentamos algumas orações direcionadas para orientá-lo sobre como formatar suas orações para alcançar resultados específicos. Em cada uma das orações abaixo, as divindades invocadas são aquelas que presidem as áreas em que a assistência é solicitada. As orações terminam com gratidão, pois você precisa acreditar que suas orações serão atendidas; dessa forma, você manifestará suas palavras. Você pode aprimorar essas orações usando os movimentos de ioga correspondentes que contenham os nomes das divindades, se estiverem listados no capítulo Ioga Kemética. Isso o ajudará a concentrar sua atenção e a incorporar a divindade que está invocando para obter assistência.

Para agricultores e jardineiros

Esta manhã, ao sair para plantar minha semente, peço a Geb, o deus da terra. Que o solo em que planto minha semente seja rico e fértil, com a combinação mineral perfeita para minhas necessidades. Também abro as obras de minha mão para Ausar, deus da vegetação fértil. Peço-lhe que seja favorável a mim. Guie minha mão em meu plantio e em minha colheita, assim como guia minhas plantas no processo de crescimento. Peço que meu jardim honre você e o trabalho que você fez na Terra. Peço que proteja minhas plantas de pragas, secas e intempéries. Nesse pedido, também invoco Tefnut, que é a deusa da umidade do ar. Que haja a quantidade certa e o tipo certo de precipitação no momento certo. Peço que essa precipitação ajude minhas plantas a florescerem com o máximo de sua capacidade. Ajude-me a causar um impacto positivo em minha comunidade por meio de minha colheita. Pelo poder de Amen-Ra. Obrigado.

PARA ASSUNTOS jurídicos

Ao iniciar as atividades relacionadas a essa questão legal (citar as atividades específicas e a questão legal), peço a intervenção de Ma'at e Djehuti. Vocês dois, que mantêm a verdade, a sabedoria e a honra no mundo, peço que mantenham esses aspectos em minha vida. Peço que a sabedoria de Djehuti esteja presente nas mentes daqueles que estarão presidindo minha questão. Peço que essa mesma sabedoria esteja presente durante a fase de preparação para a data de vencimento. Sabedoria de Djehuti, eu o convido a sentar-se ao lado de meus representantes legais. Permita que eles se inspirem com a abordagem correta para tratar do assunto que temos diante de nós. Que eu também seja inspirado com uma boa memória para lembrar detalhes importantes a tempo, detalhes que possam contribuir de forma proveitosa para o processo de preparação. Peço que Sekhmet esteja presente para me proteger em minha inocência e garantir que o resultado dessa questão legal seja justo para mim. Peço que Ma'at esteja sempre presente para garantir que a justiça prevaleça nessa questão e em todas as atividades relacionadas. Pelo poder de Amen-Ra. Obrigado.

PARA A CURA de doenças físicas

Bastet, eu a invoco agora em meu momento de necessidade.

Peço sua intervenção enquanto luto contra essa doença que me consumiu e reduziu a riqueza da minha vida a uma fração do que eu desfrutava antes. Peço-lhe, ó protetor dos lares, que proteja a mim e a minha família neste momento de necessidade. Entre em minha vida, em minha casa e habite nela, afastando todos os espíritos malignos que possam ser a causa dessa doença. Por favor, traga a saúde de volta ao meu corpo e a vitalidade à minha vida. Por favor, restaure minha casa de volta à sua antiga glória e torne-a ainda maior do que podemos imaginar. Devolva ao meu corpo o bom canal do espírito que ele deve ser. Deixe sua bondade e misericórdia habitarem em mim e em minha família. Pelo poder de Amen-Ra. Obrigado.

***PARA OPERAÇÕES* médicas bem-sucedidas**
Heru-Ur, deus da saúde e da restauração. Peço que restaure meu corpo à sua funcionalidade total. Mesmo quando eu entrar na sala de cirurgia hoje, peço que guie os médicos em suas tarefas para que eu possa ser totalmente restaurado. Peço-lhe, Nephthys, que cuide dos meus órgãos internos durante esse procedimento. Permita que as mãos dos médicos estejam seguras e firmes para que eles operem apenas o órgão pretendido e não cometam erros em nenhum dos lados da área de operação pretendida. Também invoco Iusaaset, deusa da vida, para que meu corpo seja totalmente curado após o procedimento bem-sucedido. Eu lhe peço, Aset, com seu poder de ressurreição, que me cubra com seu poder de ressurreição. Permita que todos os procedimentos anestésicos ocorram sem problemas, permitindo que eu durma e acorde da operação no momento correto. Obrigado por me ressuscitar da anestesia. Agradeço-lhe agora por fazer isso no momento certo

para eu acordar, e não antes. Apresento esta oração pelo poder de Amen-Ra. Obrigado.

Para viagens *e relações exteriores*

Oh, Het-Heru, deusa da diplomacia e das nações estrangeiras. Pedimos que esteja conosco agora. Guie-nos em nossa jornada e em todas as nossas interações, tanto as planejadas quanto as não planejadas. Oramos para que todos os planos de viagem ocorram sem problemas, tanto em relação ao transporte quanto em relação a qualquer documentação necessária. Que todas as nossas negociações durante o trajeto de ida e volta ao nosso destino, bem como em nosso destino, sejam favoráveis a nós. Que o povo da terra estrangeira (aqui você pode dizer o nome do país) em que estamos prestes a entrar nos veja como aliados bem-vindos. Que tenhamos relações boas e frutíferas com eles. Que essas relações durem muitos anos felizes e que sejam benéficas para todos os lados. Invocamos Anpu para que não nos percamos em nossa jornada, mas que sejamos livres para explorar e encontrar o caminho de volta para casa em segurança. Pedimos a Set que governe os eventos de nossa jornada. Que tudo ocorra em paz e de acordo com o planejado. Por favor, mantenha o caos afastado. Que o clima também seja favorável para os propósitos de nossa jornada, que não haja interferência da natureza de forma a impedir nosso progresso durante a viagem. Obrigado a vocês, Anpu, Set e Het-Heru, por nos guiarem nessa jornada e em todas as interações que teremos em torno dela. Pelo poder de Amen-Ra. Nós lhes agradecemos.

. . .

Fertilidade para homens

Oh, Ausar e Auset, por favor, ajudem-me agora em meu momento de necessidade. Aset, você deu vida a um falo morto. Por favor, dê vida a este meu falo para que ele possa ser produtivo. Ausar, você gerou Heru apesar de não estar mais neste mundo e de seu falo ter sido engolido por um crocodilo. Por favor, imbua-me da capacidade que você tinha quando acasalou com Auset, de modo a ser produtivo mesmo em sua forma espiritual. Por favor, ressuscite em mim a capacidade de ter filhos nesta vida. Agradeço a vocês, Ausar e Auset, por me inspirarem neste momento com o exemplo de sua capacidade de se reproduzir mesmo quando parecia que a esperança estava perdida. Obrigado por restaurar a esperança em mim hoje. Por favor, tornem-me resoluto e guiem minhas ações para que eu também possa ser o pai orgulhoso de uma prole saudável. Pelo poder de Amun-Ra. Obrigado, senhor.

Fertilidade para mulheres

Oh, Hathor, bela mãe e protetora das mulheres, peço-lhe que proteja meu útero e órgãos associados hoje. Peço sua ajuda no processo de concepção pelo qual estou passando. Peço que me guie e traga alegria à minha vida, fazendo com que essa concepção seja frutífera. Sei que usarei esse evento bem-sucedido para incorporar a gratidão que você traz ao mundo. Obrigada por amar as mulheres, por protegê-las e por proporcionar-lhes tanta beleza e alegria. Peço agora que minha alegria seja multiplicada ao conceber a prole que tanto desejo. Peço a você, Aset, que me guie nesse processo para que eu também possa amamentar a prole da mesma forma que você amamentou Heru. Agradeço-lhe por estar comigo e por sua orientação durante esse processo. Pelo poder de Amen-Ra. Obrigado.

PARA UM EVENTO *comemorativo bem-sucedido*

Hathor, você que traz prazer, amor, diversão e música para nossas vidas. Pedimos que se junte a nós na celebração de hoje. Obrigado por termos uma ocasião para celebrar. Que seja uma ocasião alegre para todos que estiverem presentes. Abençoe cada um deles com um senso de gratidão, uma alma cheia de risos e um desejo de se divertir. Que haja um profundo apreço por todos os presentes no evento e que todos se sintam totalmente incluídos nas atividades que envolvem essa celebração. Peço a Bastet que nos proporcione uma boa música que torne o evento ainda mais divertido para todos os envolvidos. Que essa música se torne o caminho de volta para memórias incríveis para todos os presentes. Que Ma'at esteja presente no evento para garantir a harmonia entre todos e a ordem nos procedimentos. Pelo poder do Amen-Ra, agradecemos a vocês por um evento maravilhoso.

PARA EXAMES, *teses e outras redações*

Hoje eu invoco Djehuti. Você, que é o deus da palavra escrita. Peço agora, Djehuti, que afaste o caos da minha mente, assim como afasta diariamente o caos do barco de Rá quando ele atravessa o Duat todas as noites. Ajude-me a fazer o trabalho que tenho diante de mim com uma mente clara e organizada, que não seja perturbada por nenhum demônio da dúvida e do esquecimento. Que minha escrita seja uma expressão clara e completa de minhas ideias bem pensadas, proporcionando uma visão aos leitores de minhas palavras. Que não haja dúvidas sobre meu nível de intelecto na leitura das palavras que escrevo; em vez disso, que aqueles que encontrarem essas palavras sejam iluminados e inspirados de novas maneiras. Oro também pela sabedoria de Nehmetawy. Estou necessitado hoje e peço seu apoio como protetor dos necessitados. Por favor, transmita sua sabedoria a mim e permita-me compartilhar o impacto dessa sabedoria aprimorada com aqueles que lerão minhas obras. Agradeço por sua ajuda e recebo a bondade que você me proporciona hoje. Pelo poder de Amen-Ra. Obrigado.

RITUAIS KEMÉTICOS DA MANHÃ, DO MEIO-DIA E DA NOITE

É vantajoso fazer o possível para começar sua manhã com uma atitude de gratidão. Tenha um senso de propósito para o dia, mantendo o foco com um pouco de ioga e as palavras certas dirigidas à divindade soberana para os propósitos do seu dia. Alguns exemplos são dados agora para orientá-lo na criação de seus próprios rituais matinais. Esses rituais incluem posturas de ioga, exercícios de respiração e algumas palavras de oração para ajudá-lo a se envolver totalmente na concentração na divindade e no propósito do ritual.

DANDO VIDA AO DIA

Reserve um tempo para sentar-se em silêncio. Inspire contando até quatro. Um, dois, três, quatro. Lembre-se de respirar profundamente até o diafragma, de modo que a barriga fique estendida durante a inspiração. Agora expire contando até quatro: um, dois,

ESPIRITUALIDADE KEMÉTICA

três, quatro. Levante-se e estique os braços bem acima da cabeça. Ao mesmo tempo, levante os calcanhares de modo que fique na ponta dos pés. Enquanto seus braços estiverem levantados acima da cabeça, inspire e expire contando até quatro. Essa é a posição Shu, que enche os pulmões de oxigênio para lhe dar energia para o dia.

Abaixe os braços para que fiquem pendurados ao lado do corpo e abaixe os calcanhares para que os pés fiquem apoiados no chão. Inspire contando até quatro e expire contando até quatro. Pense no dia que tem pela frente em relação à respiração revigorante que acabou de fazer. Em quais áreas de sua vida você quer dar vida hoje? Nessa posição relaxada, pense em três ou quatro áreas que são mais importantes para dar vida hoje. Agora, levante os braços acima da cabeça novamente enquanto levanta os calcanhares para ficar na ponta dos pés. Ao levantar os braços, imagine que está levantando a primeira questão que precisa de vida para o dia. Enquanto levanta a questão acima de sua cabeça, diga em voz alta ou em sua mente: "Shu, eu levanto essa questão para você hoje. Ao fazer isso, declaro que estou deixando de lado qualquer ansiedade que possa ter em relação à sua resolução ou conclusão bem-sucedida. Declaro que, ao apresentar este assunto a você, ele não é mais uma preocupação somente minha, mas também sua. Agradeço a você por carregar a maior parte do peso dessa questão. Peço que você dê vida a ela."

Quando seus braços estiverem totalmente acima da cabeça, dobre as mãos para trás sobre o pulso até o limite. Sua postura deve ser como se você estivesse oferecendo algo em uma bandeja para alguém muito mais alto do que você. Isso é para entregar totalmente o assunto a Shu, para dar vida a ele e remover quaisquer preocupações maiores de você. Agora, inspire contando até quatro e expire contando até quatro antes de abaixar os braços para os lados e os pés para o chão. Quando estiver novamente em uma posição relaxada, inspire e expire contando até quatro novamente antes de elevar a próxima preocupação ao Shu.

RECARGA AO MEIO-DIA

Se você tem um cronograma exigente, muitas vezes perceberá que, no meio da tarde, você fica sem a energia necessária para concentrar sua atenção no trabalho em questão. Nessas situações, é importante fazer uma pausa e se reiniciar de uma maneira que permita que você trabalhe de modo a obter um resultado ideal.

Nessas circunstâncias, faça uma pequena pausa para realizar um exercício de respiração que o ajudará a maximizar sua produtividade mais uma vez.

Se estiver em um ambiente que permita isso, faça a postura de lótus. Para fazer isso, sente-se com as pernas cruzadas, com as costas retas e as palmas das mãos voltadas para cima. Reservar um tempo para fazer isso o lembra de que é possível se desligar das distrações ao seu redor e, ao mesmo tempo, manter o foco em suas intenções para o dia. Se o seu ambiente não permitir que você se coloque na posição de lótus, encontre uma cadeira onde possa se sentar confortavelmente ereto. Sente-se com as costas retas e as palmas das mãos voltadas para cima.

Deixe o ar fluir para os pulmões, inspirando pelas narinas. À medida que seus pulmões se enchem, não faça uma pausa entre as respirações, mas force imediatamente o ar para fora dos pulmões e da boca. Contraia os músculos abdominais para ajudá-lo no processo. Enquanto estiver sentado nessa posição, continue a inspirar e expirar uniformemente dessa maneira. Enquanto outros exercícios podem exigir que você inspire e prenda a respiração antes de expirar, este exige que você inspire e expire imediatamente. Suas inspirações e expirações devem ter a mesma duração. Por exemplo, você pode inspirar por um segundo e expirar por um segundo. Por um período de tempo entre dois e dez minutos, continue a inspirar e expirar continuamente, sem intervalos entre as respirações.

Ao fazer o exercício de respiração, mantenha a mente concentrada em suas intenções positivas para o dia e em como você trará as leis de Ma'at para o restante das atividades do dia.

Esse tipo de técnica de respiração é chamado de *Breath of Fire* (Sopro de Fogo). Ela o revigora e até ajuda a aliviar problemas digestivos, caso você tenha algum. Se você tiver problemas nos pulmões, no coração ou na coluna vertebral, evite usar essa técnica de respiração, pois a respiração rápida exerce pressão sobre essas áreas. Como alternativa ao uso do sopro de fogo, use a técnica de respiração em caixa. A respiração em caixa requer que você inspire contando até quatro, prenda a respiração contando até quatro, expire contando até quatro e prenda a respiração novamente contando até quatro. Medite sobre as leis de Ma'at. Embora a respiração box talvez não o revigore da mesma forma que o *Sopro de Fogo*, você conseguirá concentrar sua mente melhor do que antes da queda de energia. Você pode então usar esse novo foco para alcançar os resultados que deseja para o dia.

RITUAL NOTURNO

Termine bem o seu dia para que sua alma tenha uma passagem segura pelo mundo dos sonhos todas as noites. Talvez você queira limpar seu estado mental de quaisquer assuntos que tenham surgido durante o dia e que o tenham distraído ou perturbado em seu propósito. Encontre um lugar tranquilo para deitar-se de costas e refletir sobre o dia. Enquanto estiver nessa postura de múmia com os braços relaxados ao lado do corpo, pondere os eventos do seu dia em relação às leis de Ma'at. Embora assassinato, roubo violento e desrespeito ao falecido sejam fáceis de evitar para a maioria das pessoas, o que dizer das leis que você tem a oportunidade de violar diariamente? Algumas delas são as leis relacionadas a colocar-se em um pedestal (lei 37); falar com raiva ou arrogância (lei 35); desejar mal a alguém (lei 36); intrometer-se nos negócios de outra pessoa (lei 30); embelezar a verdade (lei 31); escutar (lei 18); e mentir (lei 8). Essas são apenas algumas das leis do Ma'at que o ajudarão se você for consciente o suficiente para cumpri-las.

Examine as respostas que você teve a cada situação que se apresentou a você durante o dia. Isso o ajudará a identificar as áreas em que não conseguiu alinhar suas ações diárias com sua intenção de viver em Ma'at. Depois de identificar esses momentos, não se julgue com severidade. Em vez disso, saiba que, mesmo que não tenha conseguido viver em Ma'at nesse dia, sua alma o guiará para superar os obstáculos futuros. Seja grato por ter a capacidade de identificar essas áreas e refletir sobre as soluções e respostas que poderiam ter servido melhor ao momento. Perdoe-se por não ter tomado essas atitudes, sabendo que, no momento em que a oportunidade se apresentou, você não estava ciente das opções imediatamente disponíveis. Seja grato pela sabedoria que você adquiriu durante esse momento de reflexão. A sabedoria experiencial fornece conhecimento que você pode aplicar em uma fase posterior da vida, caso situações semelhantes surjam novamente. Seja grato por sua alma guiá-lo nos aspectos desafiadores de sua vida.

Ao considerar como sua alma o guia pela vida, passe da postura de múmia em repouso para a postura de peixe. Faça isso deslizando as palmas das mãos voltadas para cima sob as coxas. Em seguida, levante o tronco do chão enquanto seu corpo é apoiado pelos cotovelos pressionados contra o chão. Enquanto estiver nessa posição, inspire profundamente e expire. Isso será fácil de fazer, pois a posição amplia a capacidade do seu peito. Continue a inspirar e expirar lentamente até que tenha feito isso cinco vezes. Agora, abaixe suavemente seu corpo de volta ao chão. Retome a posição de múmia, movendo os braços para os lados do corpo. Inspire e expire novamente. Ao fazer isso, agradeça aos Ntrs pelo apoio que deram às suas atividades ao longo do dia. Se não conseguir pensar em coisas pelas quais agradecer, considere o fato de estar vivo e ser capaz de respirar. Considere o fato de que está em uma jornada espiritual que o leva diariamente a um estado de iluminação. Seja grato por isso. Depois de esgotar o momento de meditação sobre o seu dia, você pode se sentar gentilmente. Agora você pode entrar no restante da noite com uma nova perspectiva.

HEKA

9

BÔNUS KEMETIC YOGA PARA ENERGIZAR SUA PRÁTICA MODERNA

Smai Tawi, ou ioga kemética, é uma disciplina inspirada na história da criação kemética, bem como nas posturas dos deuses keméticos (Ntr) que são retratados nas paredes dos templos e em papiros. Apesar de as posturas que a inspiram estarem disponíveis para a humanidade há milhares de anos, foi apenas recentemente que a prática foi reconstruída em uma série de posturas de ioga. Ao praticar essas posturas, você pode fortalecer os músculos centrais e melhorar sua flexibilidade. As posturas, por si só, são uma maneira de manter um corpo saudável. Entretanto, como em toda prática kemética, a prática do Smai Tawi envolve mais do que apenas a atividade de dobrar, esticar e torcer o corpo. Ele é usado em conjunto com outras atividades de estilo de vida para melhorar sua saúde geral. Isso inclui o bem-estar espiritual aliado a atividades adicionais, como beber muita água e adotar uma dieta baseada em vegetais que estimule um corpo saudável. O uso dessas posturas, juntamente com o trabalho de respiração, permite que você concentre sua energia para manter o equilíbrio interno, que é uma parte essencial da jornada espiritual. Quando você combina as posturas com a exposição diária ao sol, entre 10 e 20 minutos, você cria as condições ideais para o seu corpo prosperar. O sol energiza seu corpo, e a exposição diária aos seus raios permite que seu corpo produza vitamina D, que combate doenças. O sol-Ra, a respiração-Shu e as posturas de ioga inspiradas nos diferentes deuses e deusas colocarão seu corpo em alinhamento com sua compostura natural. Esse estado do corpo permite que você tenha o estado mental correto para lidar com os desafios diários da vida. O processo da ioga kemética exige que você medite sobre a história da criação e sobre os deuses e deusas a cada postura e a cada transição para a próxima. A adição dessa atitude meditativa é o que torna a ioga kemética a prática ideal para manter corpo, mente e alma saudáveis.

SHTI - A MÚMIA

A postura da múmia é uma posição de base para muitas outras posturas. Isso é adequado porque essa postura é tanto a posição inicial quanto a final de algumas outras posturas, refletindo sua posição como o início e o fim da própria vida. Como o início, ela incorpora o potencial. Nunca sabemos no que uma nova vida se transformará; portanto, há entusiasmo em testemunhar esse estágio. É um estágio em que há várias possibilidades, pois as escolhas que limitam e concentram nosso crescimento direcional ainda não foram feitas. Realizada no final, a pose Shti representa um corpo que foi preparado para a ressurreição. Essa postura é feita no final de uma vida que foi plenamente vivida. Todo o potencial foi expresso por meio de várias decisões e ações tomadas. Olhando para um corpo que foi preparado para a ressurreição, você sabe que há poucas surpresas que ele pode lhe apresentar. A pose é um símbolo de Asar sendo ressuscitado por Aset. Ao ressuscitar Asar, Aset supera o ciúme e a ignorância de Set ao usar a sabedoria para trazer Asar à vida. Quando olhamos para os corpos de homens e mulheres de nosso tempo no momento em que sua vida termina, acreditamos e esperamos que eles sejam ressuscitados para a vida após a morte. Eles gastaram seu potencial na Terra, e há um nível novo e diferente de potencial esperando por eles na vida após a morte. Portanto, seu final se torna semelhante ao seu início. Eles terão encerrado um capítulo de tudo o que conhecem, mas estão a um passo de um novo capítulo, de começar do início e do desconhecido com novas possibilidades mais uma vez.

Deite-se de costas com os pés afastados na largura dos ombros. Considere a energia do universo, que Aset usou para dar vida a Asar. Imagine essa energia sendo direcionada a você com amor e compaixão. Inspire e expire enquanto sente essa energia universal abraçando-o e tornando-se um com ela. Enquanto estiver deitado, direcione a energia universal para qualquer parte de seu corpo que precise de cura.

O LÓTUS

A postura da múmia flui para a postura do lótus. Essas duas posturas se combinam para simbolizar a passagem da morte para a vida, que é o início da criação. A postura do lótus é inspirada na bela flor de lótus. A flor de lótus é frequentemente encontrada em águas lamacentas, mas permanece ereta e independente. Ela continua a exalar sua beleza apesar do ambiente em que se encontra. Quando realizamos essa postura, ela é um lembrete de que devemos permanecer desapegados das distrações do mundo ao nosso redor e que devemos permanecer firmes em nosso verdadeiro propósito de alinhamento com o divino por meio da meditação e do estudo das práticas espirituais.

Para fazer esse movimento, você precisa começar imaginando o mundo antes da criação. Assim, você pode se elevar das águas mortas do caos para a quietude da flor de lótus. Portanto, comece deitando-se de costas com os braços relaxados ao lado do corpo. Fique perfeitamente imóvel com os olhos fechados. Inspire e expire enquanto pensa em todo o potencial que você tem dentro de si para criar. O potencial dentro de você é a capacidade de fazer algo belo a partir do caos que existia antes da criação. Fique nessa posição por dois minutos antes de se sentar na posição de lótus.

Para a posição de lótus, sente-se com as pernas cruzadas em seu tapete de ioga com cada pé enfiado sob a panturrilha da perna oposta. Mantenha as costas retas e apoie os antebraços nos joelhos com as palmas das mãos voltadas para cima.

Se você for muito flexível, pode cruzar as pernas de modo que os pés fiquem sobre as coxas.

Se tiver dificuldade para sentar-se com as pernas cruzadas, sente-se ereto com os joelhos dobrados sob o corpo, permitindo que as costas fiquem alinhadas com os calcanhares. Apoie os pulsos nas coxas de modo que as palmas das mãos fiquem voltadas para cima.

Nessa posição, seu corpo está centralizado e os chakras (ou centros de energia) ao longo da coluna vertebral estão alinhados.

Ambas as posições desse movimento são boas para meditação e reflexão durante a realização de exercícios de respiração.

Ao fazer seus exercícios de respiração, evite respirações rápidas e superficiais que levantem os ombros e expandam o tórax. Esses movimentos só devem ocorrer se os exercícios respiratórios incorporarem especificamente essas ações. Em vez disso, você deve praticar a respiração diafragmática. Isso é feito inspirando pelo nariz de modo a permitir que o estômago se expanda. Mantenha a respiração no abdômen por dois segundos e depois expire pela boca.

NEFERTEM NO LÓTUS

Essa postura é inspirada em Heru, a Criança Divina da Criação, quando ele está na forma de Nefertum ou Nefertem. Durante o processo de criação, Heru senta-se em uma flor de lótus enquanto a consciência divina está criando o universo por meio do uso da vibração sonora.

Para fazer essa postura, comece na posição de lótus. Em seguida, levante o dedo indicador para apontar para a boca, de onde emana o som. Volte a colocar a mão no colo e recite os nomes dos deuses e deusas de acordo com a ordem em que eles ascendem na árvore da vida: Heru Ur, Nebthet, Set, Aset, Asar, Nut, Tefnut, Geb, Shu, Het-Heru, Ma'at, Ra. Durante o processo, reserve um tempo para olhar ao redor da sala. Concentre-se em cada objeto da sala. Lembre-se de que cada objeto físico que você vê foi criado a partir da matéria primordial. Agora feche os olhos e imagine que você assumiu as qualidades de Heru em sua forma infantil como Nefertem. Imagine que, ao nomear os deuses e deusas da história da criação, eles estavam sendo criados para que pudessem ocupar seu lugar no universo. Nessa forma de Nefertem, sentado no topo da flor de lótus, sem se incomodar com o caos ao seu redor, comece a se imaginar criando o universo de acordo com seus desejos. Agora, depois de criar seu universo ideal, veja-se separado dele, como uma flor de lótus imaculada no meio de um lago pantanoso. Sua perfeição não é afetada pelo ambiente ao seu redor. Mesmo que o mundo ao seu redor esteja um caos, você continua a incorporar as qualidades que nasceu para expressar.

NUN

Essa pose é inspirada no ato de Rá emergindo das águas de Nun durante o processo de criação.

Como Rá é um deus que está em equilíbrio e unifica os opostos, comece esta postura em uma posição de agachamento igualmente equilibrada. Mantenha os pés paralelos um ao outro e as palmas das mãos pressionadas uma contra a outra na frente do peito. Inspire enquanto se imagina em total alinhamento sob as águas de Nun. Expire. Inspire e expire novamente, sabendo que você tem o potencial de criação dentro de si. Esse potencial de criação é o mesmo potencial de energia que foi usado para criar o universo.

Acalme sua mente de quaisquer pensamentos caóticos que possam surgir e levante-se. Ao se levantar, seu primeiro movimento será de uma posição agachada para uma posição semiagachada. Enquanto estiver se levantando, comece a inspirar e afaste os braços em um movimento para cima, de modo que as palmas das mãos fiquem de cada lado da cabeça. Os cotovelos devem estar flexionados de modo que os antebraços fiquem paralelos ao chão, enquanto os antebraços ficam paralelos um ao outro em ambos os lados da cabeça.

Expire enquanto dobra os pulsos ligeiramente para trás, de modo que as palmas das mãos pareçam estar empurrando o céu para cima. Nesse ponto, complete a postura fazendo o segundo movimento. Isso exige que você continue a se elevar até a posição totalmente ereta.

AQUECIMENTO

Essa pose de aquecimento é uma preparação para a separação do céu (Nut) da terra (Geb).

- Comece o aquecimento em pé, com os pés afastados na largura dos ombros e os braços esticados. Gire a parte superior do corpo de modo que, a cada giro, você olhe para trás. Inspire ao girar para a direita e expire ao girar para a esquerda. A cada giro do corpo, sinta o ar fluir em torno de suas mãos e braços.
- Agora coloque as mãos na cintura e incline-se lateralmente para o lado esquerdo. Sinta o alongamento ao longo do lado direito de seu tronco. Agora, incline-se para o outro lado para equilibrar o efeito em seu corpo.
- Agora, incline-se ligeiramente para trás antes de se inclinar para frente na cintura, com as mãos ainda na cintura. Faça isso quatro vezes em cada direção.
- Em seguida, incline-se para frente a partir da cintura e comece a se inclinar para a esquerda antes de se inclinar para trás, depois para a direita e para frente novamente. Isso move seu corpo em um movimento circular no sentido horário. Depois de fazer o movimento três vezes, repita a atividade, mas, dessa vez, faça um círculo na direção oposta. Em seguida, incline-se para a frente e incline o corpo para a direita. Continue fazendo isso até que tenha movido o tronco em uma forma circular.

- Junte as palmas das mãos na frente do peito na postura Hetep, que simula uma posição de oração. Inspire profundamente, imaginando que está inalando paz. Agora, expire profundamente. Imagine que está exalando toda a tensão para fora e para longe do seu corpo. Repita o processo três vezes, certificando-se de manter a respiração diafragmática durante todo o processo.
- Agora, abaixe as mãos ao lado do corpo para se preparar para alguns movimentos de alongamento do pescoço. Para começar a alongar o pescoço, abaixe a cabeça para frente de modo que possa sentir os músculos se alongando na parte de trás do pescoço. Agora olhe para cima e abaixe a cabeça para trás de modo a alongar a área da garganta. Em seguida, incline a cabeça em direção à orelha esquerda para que o lado direito do pescoço seja alongado. Depois disso, incline a cabeça em direção à orelha direita para que o lado esquerdo do pescoço seja alongado. Faça isso quatro vezes em cada direção para garantir que seu pescoço seja adequadamente alongado na frente, atrás, à esquerda e à direita.
- Mova em círculo a cabeça para a esquerda quatro vezes e, em seguida, circule a cabeça para a direita quatro vezes.

SHU

Shu criou o céu - Nut - e a terra - Geb - e é o espaço entre eles na forma de ar ou éter. Quando combinado com a umidade - Tefnut - o ar se torna a força energética que sustenta a vida, conhecida como Sekhem.

Essa posição de ioga, portanto, enfatiza a respiração e o espaço entre a terra e o céu, da mesma forma que o deus Shu separou a conexão inicial entre Geb e Nut.

Em uma posição relaxada, levante os braços acima da cabeça. Durante o processo, inspire profundamente e levante-se para ficar na ponta dos pés. Agora, expire enquanto abaixa os calcanhares de modo que não fique mais na ponta dos pés, mas volte a ficar com os pés apoiados no chão. Ao mesmo tempo, abaixe os braços de volta para os lados. Diga o nome de Shu durante o processo de expiração para combinar com o ar que está expirando. Visualize-se como se estivesse em harmonia com o universo e como o criador de sua existência.

JORNADA DE RA

Atem Ra - também conhecido como Tem ou Atum - é o pôr do sol. Ele representa o momento em que Nut, o deus dos céus, se envolve no consumo diário de Ra. Depois de consumido, Ra precisa viajar pelo Duat - o submundo. Lá, ele luta com as entidades do submundo até se tornar Ra Khepri, o sol nascente, onde Nut lhe dá à luz no leste.

A jornada diária de Ra para o submundo inspira uma série de posturas que demonstram como o processo de criação é uma atividade contínua que permeia todos os aspectos de nossa vida. Há seis posturas indicadas. Elas precisam ser executadas em sucessão para completar a série completa. Depois de concluídas, elas são repetidas no modo inverso para criar um total de 12 posturas. O fato de a série consistir em 12 posturas simboliza os 12 portões pelos quais Ra precisa passar durante sua jornada diária pelo Duat (o submundo, o lugar para onde Ra vai entre o pôr do sol e o nascer do sol).

Recomenda-se que sua atitude mental durante a execução desta série seja de paz, autosserviço e consistência. Esses atributos são um reflexo de Rá enquanto ele luta no submundo todas as noites para fornecer sua força vital à criação diariamente.

- Comece a série em uma posição de pé. Coloque as mãos à sua frente com as palmas pressionadas juntas em um modo de oração enquanto expira.

- Levante os braços à sua frente e depois sobre a cabeça enquanto inspira. Agora, arqueando a parte superior das costas, incline o tronco para trás e estenda as mãos para cima em direção a Ra - o sol.

- Agora expire enquanto se inclina para a frente, trazendo o sol com você, acelerando-o em direção ao pôr do sol enquanto se inclina para a frente. Ao inclinar-se para a frente, mantenha as costas retas e os braços esticados para a frente em ambos os lados do pescoço.
- Continue se curvando para frente até ficar dobrado, com as mãos em cada lado dos tornozelos. Se você for flexível o suficiente para isso, coloque as mãos no chão, uma de cada lado, para simbolizar Ra entrando no submundo.

- Enquanto inspira, estique a perna direita atrás de você, abaixando o corpo ao fazer isso. Use as palmas das mãos ou as pontas dos dedos para se manter firme no chão enquanto estende o tronco para cima e olha para o céu.

- Agora abaixe a cabeça de modo que seu rosto fique voltado para o chão. Enquanto prende a respiração, empurre a perna esquerda para fora de modo que ela fique paralela à perna direita. Mantenha a cabeça abaixada entre os braços enquanto os calcanhares se apoiam no chão, proporcionando um bom alongamento para a parte superior e inferior do corpo. Seu corpo formará um V invertido, que é a postura da Nut. Esse ponto da série simboliza o ponto em que a deusa Nut consome o sol, Ra, antes de sua jornada para o submundo de Duat.

- Expire enquanto se abaixa até o chão, com os joelhos primeiro. Arqueie a região lombar enquanto abaixa o peito até o chão. Coloque as mãos com as palmas para baixo em cada lado do peito para apoiar o corpo. Se você se sentir confortável o suficiente, pode também abaixar a testa até o chão, além do peito. Isso significa o início da jornada para o submundo.

- Flexione a cintura e a pélvis até o chão enquanto inspira. Ao mesmo tempo, empurre o chão com as palmas das mãos, arqueando as costas e mantendo os cotovelos flexionados e próximos ao corpo. Essa é a postura da cobra. Durante a execução da postura da cobra, você deve manter o foco no ponto entre as sobrancelhas, o terceiro olho, que é o sexto centro de energia. Neste momento, você está na metade da jornada de Rá.

- Para começar a segunda metade da jornada, levante o meio do corpo de volta para o V invertido. Quando estiver nessa postura da noz, expire com os calcanhares e a testa pressionados em direção ao chão.

- Em seguida, leve o pé direito para frente de modo que ele fique entre as mãos. Ao mesmo tempo, inspire, inclinando o pescoço para trás de modo que seu rosto fique voltado para o céu. Empurre a pélvis em direção ao chão para permitir que você se alongue bem.

- Traga o pé esquerdo para frente para se juntar ao pé direito. Expire ao fazer isso, deixando a cabeça pender e o corpo se curvar. Os braços e o pescoço devem estar quase paralelos, e as palmas das mãos devem estar tão planas no chão quanto possível.

- Fique de pé e levante as mãos acima da cabeça, inspirando enquanto o faz. Estenda as mãos acima da cabeça e para trás. Nessa posição, você colocará Ra simbolicamente no céu, onde ele assumirá sua posição como o sol nascente - Ra Khepri.

- Expire ao abaixar os braços e colocá-los em uma posição de oração. Solte os braços ao lado do corpo. Você completou um ciclo da jornada.

Repita todo o percurso com foco na perna esquerda em vez da direita. Você pode passar por esse processo cerca de seis a oito vezes. O melhor horário para fazer essa sequência é logo pela manhã. Quando tiver concluído o número de repetições que gostaria de fazer, assuma a postura da múmia.

APOIO DE OMBRO

Isso também é conhecido como posição de ombro Geb. Geb é a terra. Quando a terra se separa do céu, ou quando Geb se separa de Nut, há vários exercícios que ele realiza. O apoio de ombro e o exercício do arado que a segue são exercícios que fluem um para o outro. Eles estão entre os outros exercícios terrestres realizados por Geb.

Comece este exercício deitando-se de costas com os braços ao lado do corpo. Levante as pernas em linha reta, mantendo-as paralelas uma à outra. Use as mãos para apoiar as costas na cintura, permitindo que os ombros suportem o peso do corpo.

Essa postura é boa para todo o corpo. Entretanto, usá-la o ajudará especialmente a ganhar força extra nas áreas das costas, coluna e pescoço. Ela também beneficiará os centros de energia superiores do corpo espiritual.

ARADO

A partir da posição de ombros, leve suavemente as pernas acima da cabeça de modo que os dedos dos pés toquem o chão acima da cabeça. Se você não for flexível o suficiente para tocar o chão com os dedos dos pés, não force. Estenda as pernas até o ponto em que elas ultrapassem a cabeça. Você desenvolverá mais flexibilidade com o tempo.

Retorne os braços para as laterais do corpo e mantenha a posição por cinco segundos. Abra as pernas até ficar deitado de costas novamente.

RODA

A postura da roda fortalece as costas, os braços e as pernas.

Deite-se de costas com os joelhos dobrados e as solas dos pés apoiadas no chão e próximas às nádegas. Levante os braços acima da cabeça. Coloque as mãos no chão acima da cabeça, com os dedos apontando para os dedos dos pés e as palmas das mãos apoiadas no chão. Inspire ao levantar o corpo do chão, empurrando-o contra o solo com as mãos e os pés. Mantenha a posição pelo tempo que conseguir. Expire enquanto abaixa lentamente o tronco até o chão. Enquanto estiver deitado no chão, inspire e expire profundamente, meditando em Geb e Nut juntos no momento anterior à separação do céu e da terra.

PEIXES

É melhor fazer essa postura após as posturas do ombro e do arado. Isso ajudará a equilibrar o efeito em seu corpo.

Para começar essa postura, deite-se de costas com os braços ao lado do corpo em uma postura de múmia. Coloque as mãos ao lado das coxas com as palmas voltadas para cima. Agora, deslize as mãos logo abaixo da borda das coxas e levante a parte superior do corpo de modo que fique apoiada nos cotovelos. Levante o tronco de modo que ele fique invertido, com o peito para fora e a cabeça estendida para trás para tocar o chão.

Nessa posição, com a cabeça, os cotovelos e as nádegas tocando o chão enquanto o tórax está estendido, os pulmões podem se expandir até sua capacidade total. Portanto, a partir dessa posição de capacidade torácica estendida, faça cinco respirações abdominais profundas. Inspire e expire lentamente, assegurando-se de manter a parte inferior do corpo à vontade.

Fazer a postura do peixe nos lembra dos dois peixes que acompanharam o barco de Rá enquanto ele navegava nas águas de Nun durante o processo de criação. Ao respirar, pense no seu eu superior e em como ele o conduz em sua jornada espiritual rumo à iluminação.

Quando terminar o exercício de respiração, leve a cabeça para frente em direção ao peito e abaixe-se sobre os cotovelos para voltar à posição de múmia. Quando estiver na posição de múmia, respire profundamente no abdômen e expire.

FLEXÃO PARA FRENTE

Na posição de múmia, sente-se ereto com os pés esticados à sua frente. Certifique-se de estar posicionado de forma que esteja sentado sobre o osso pélvico. Flexione os pés de forma que os dedos apontem para trás, em direção ao tronco.

Faça isso três vezes: levante os braços acima da cabeça ao inspirar e, em seguida, abaixe-os ao expirar. Cada vez que abaixar os braços, estenda a mão para tocar os dedos dos pés, mantendo as costas retas. Ao se curvar, pense em Nut, que se curva sobre a terra e envolve a atmosfera; Shu e Tefnut criam a força vital dentro do arco do corpo dela enquanto ela se curva em direção à terra (Geb).

Depois de concluir as três repetições, deite-se lentamente de costas e assuma a posição de múmia.

A flexão para frente alonga toda a coluna vertebral e massageia os órgãos internos, como os rins, o sistema digestivo e o fígado.

TORÇÃO DA COLUNA VERTEBRAL

A coluna vertebral permite que o corpo funcione de forma harmoniosa, atuando como um canal entre o cérebro e o resto do corpo.

Inicie este exercício em uma posição sentada com as duas pernas estendidas à sua frente. Dobre o joelho da perna direita e, ao mesmo tempo, levante o pé direito, colocando-o sobre e próximo ao joelho esquerdo. Coloque a mão esquerda no chão atrás de você enquanto gira o corpo e olha para trás por cima do ombro esquerdo. Apoie a mão direita no joelho direito. Leve a mão esquerda para trás, movendo-a para trás no chão. Ao fazer isso, você sentirá um alongamento no lado esquerdo do tronco. Inspire e expire enquanto estiver nessa posição antes de levar a mão de volta ao corpo e girar o corpo para trás para ficar voltado para a frente com as pernas esticadas à sua frente. Agora, gire a coluna na outra direção, levantando o pé da perna esquerda e colocando-o sobre a perna direita. Coloque sua mão esquerda sobre o joelho esquerdo. Enquanto isso, apoie seu corpo colocando a mão direita no chão. Incline o corpo para trás para alongar o lado direito do corpo enquanto leva a mão direita para trás. Depois de inspirar e expirar lentamente, volte à posição voltada para a frente com as pernas estendidas à sua frente.

SELKET

Selket é a deusa do escorpião. O escorpião tem o poder de proteger infligindo dor. Na história da criação, Rá enviou sete escorpiões para proteger Aset, que fugia, enquanto Set tentava matá-la.

Para fazer a postura do escorpião, comece deitando-se de barriga para baixo com a testa tocando o chão. Com as mãos em punho, estique os braços à sua frente. Inspire ao levantar a perna esquerda e expire ao abaixar a perna esquerda. Repita o processo com a perna direita. Agora, levante gentilmente as duas pernas juntas, inspirando ao levantar as pernas e expirando ao abaixá-las.

Você pode repetir o exercício com os braços sob o corpo em vez de estendidos à sua frente.

Esse exercício é benéfico para a região lombar.

SEBEK

Sebek é um deus crocodilo que representa o poder da natureza. Sebek está associado ao segundo centro de energia. Os crocodilos eram considerados os animais mais poderosos do antigo Egito. Na história da criação, o crocodilo ajudou Asar.

Deite-se de bruços no chão com os braços flexionados e com as palmas das mãos para baixo em cada lado da cabeça. Levante o joelho esquerdo em direção ao cotovelo esquerdo. Endireite a perna esquerda e, em seguida, leve o joelho direito em direção ao cotovelo direito antes de endireitá-lo. Repita esse exercício de três a cinco vezes, alternando entre as duas pernas. Repita esse exercício de três a cinco vezes, alternando entre as duas pernas. Depois de terminar o exercício, volte à posição sentada e movimente os ombros e as costas para eliminar qualquer tensão que possa estar nessas áreas.

ARAT

Arat Sekhem é o "poder da serpente". Ele é representado por Uraeus, a cobra. A cobra está ligada à ressurreição de Asar na história da criação. Portanto, ao fazer a postura, considere o poder da ressurreição em seu corpo. Além disso, esteja atento à energia de Uraeus que sobe do cóccix até a testa quando a consciência espiritual é alcançada. Na espiritualidade egípcia, esse é o movimento da energia de Asar ao longo da árvore djed à medida que ela cresce para fora do caixão em que ele foi aprisionado por seu irmão. Na ioga praticada na Índia, a energia ascendente de Uraeus é chamada de *kundalini*.

Deite-se de barriga para baixo com as mãos colocadas com as palmas para baixo abaixo dos ombros e a testa tocando o chão. Inspire enquanto levanta o peito do chão sem usar as mãos para levantá-lo do chão. Expire enquanto relaxa o corpo para baixo de modo que a testa toque o chão novamente. Descanse por um momento antes de repetir o processo. Faça isso três vezes antes de empurrar o corpo para cima com as mãos, o mais alto que puder, e mantenha a posição pelo tempo que for confortável para você. Depois disso, relaxe seu corpo de volta ao nível do chão.

Esse exercício fortalece a área torácica. Ele está associado à coluna vertebral e ao desenvolvimento dos centros de energia em seu corpo. Também está relacionado a uma elevação da consciência e dos níveis de energia psicoespiritual do corpo.

HOREMAKHET - A ESFINGE

A esfinge está relacionada aos deuses Set e Apuat e representa um ser humano que alcançou a iluminação, mantendo o controle de seu eu espiritual inferior. Ao fazer essa postura, visualize seu poder como sendo tão grande quanto o de um leão, abrangendo o alinhamento total de sua mente, corpo e espírito. Esse é o poder da esfinge.

Ajoelhe-se e apoie-se nos calcanhares. Agora, incline-se para frente com as mãos estendidas à sua frente e use os cotovelos para apoiar o corpo. Depois disso, endireite os cotovelos para elevar a parte superior do corpo. Você deve sentir os efeitos de fortalecimento em suas costas. Volte a se abaixar até os cotovelos e repita o exercício.

HERU-HÓRUS

Heru equilibra o eu superior e o inferior enquanto defende a verdade, a justiça e a honra. Ele vence a injustiça, a morte e a ignorância. Na história da criação, ele derrotou o não iluminado Set - ignorância e injustiça. Ele também ajudou a ressuscitar seu pai, Asar.

Fique em uma posição ereta com os braços ao lado do corpo. Nessa posição, veja-se como uma pirâmide forte e inamovível. A partir dessa posição de força, imagine-se como o criador de seu destino e o redentor de sua alma. Imagine-se possuindo todas as qualidades de Heru, como o equilíbrio entre o eu superior e o inferior, enquanto defende a honra e a justiça.

SÉRIE HENU

Esta é uma série de poses que homenageiam Apnu, Heru e Set. A série simboliza a alegria e o louvor.

De pé, ajoelhe-se com o joelho direito no chão e o joelho esquerdo apontando para o céu.

Estenda a mão esquerda voltada para cima para longe do corpo. Ao mesmo tempo, mantenha a mão direita fechada perto do peito.

Feche o punho com a mão esquerda e leve-a até o peito. Em seguida, levante a mão direita para o céu com o cotovelo dobrado em um ângulo reto em relação ao solo.

Volte à posição de pé e repita o exercício usando os membros alternados.

NUT

Nut é o céu que envolve o éter e se estende até o horizonte da Terra.

Para começar o exercício, fique em pé com os braços levantados acima da cabeça. Inspire. Agora expire enquanto se inclina, curvando-se lentamente até conseguir segurar os tornozelos. Se precisar dobrar os joelhos para alcançar os tornozelos, faça isso. Em seguida, coloque as mãos no chão e leve-as para frente de modo a criar uma forma de V invertido com seu corpo. Inspire e expire lentamente antes de levar as mãos de volta aos tornozelos e retornar à posição de pé com os braços erguidos acima da cabeça.

Visualize Nut na forma de um céu que se estende sobre a terra enquanto você faz esse exercício.

MA'AT

Ma'at é a deusa do equilíbrio que pesa a alma de cada indivíduo para determinar se ele é digno o suficiente para passar para a vida após a morte.

Fique em pé com os pés afastados na largura dos ombros e os braços esticados em ambos os lados. Ajoelhe-se de forma que o joelho esquerdo toque o chão e o direito aponte para cima, com o pé direito firmemente apoiado no chão. Gire seu corpo para a esquerda. Vire a cabeça para a direita e gire o corpo de modo que o braço direito fique diretamente sobre o joelho direito. Nessa posição, inspire e expire lentamente enquanto considera as áreas de sua vida em que demonstra um senso de equilíbrio.

Levante-se e repita o exercício para o outro lado do corpo. Dessa vez, vire a cabeça para a esquerda e ajoelhe-se com o joelho esquerdo apontando para o céu. Ao girar o corpo, faça-o de modo que o braço esquerdo fique sobre o joelho esquerdo.

Ao fazer o exercício, pense em como incorporará os princípios de Ma'at em sua vida. Esses princípios são a verdade, a retidão e a justiça.

ASET ALADA - A POSE DA VITÓRIA

Aset é filha de Nut e esposa de Asar. Ela personifica a sabedoria espiritual e intelectual.

Fique em pé com os pés juntos. Inspire enquanto estende os braços para ambos os lados. Enquanto expira, abaixe-se até o joelho esquerdo. Mantenha o pé direito apoiado no chão de modo que o joelho direito fique dobrado e apontando para o céu. A partir de uma posição ajoelhada, abaixe o corpo de modo que esteja quase sentado sobre o pé esquerdo. Inspire e expire enquanto estiver nessa posição. Em seguida, levante-se e repita o exercício com o joelho esquerdo apontando para cima.

ASET SENTADA - POSE DO TRONO

Aset representa o corpo físico que sustenta a essência espiritual - Asar. Dessa forma, Aset é o trono que proporciona ao ser espiritual uma forma física de se manifestar na Terra.

Estenda os braços à sua frente com as palmas das mãos voltadas para baixo. Dobre os joelhos e abaixe o corpo como se estivesse se sentando em um trono. Abaixe o corpo até onde for confortável para você.

Visualize a deusa Aset apoiando você nessa postura. Inspire e expire. Levante-se e repita o exercício.

ABRAÇO DE AUSET

Hept, o abraço de Auset, é uma pose que representa a deusa Auset no processo de abraçar Ausar e Heru. Isso ocorreu depois que ela trouxe Auset de volta à vida e, assim, foi capaz de conceber Heru. Ao fazer essa pose, considere-se ressuscitando todos os aspectos de sua vida que talvez tenha considerado mortos. Isso inclui os aspectos psicológicos, físicos e espirituais de sua vida. Todas as suas esperanças e sonhos podem ser trazidos à vida com a administração do amor de Auset.

Assuma a posição de pé enquanto move os braços para frente e para trás. Visualize-se como Aset. Traga os dois braços para frente e cruze-os na frente do peito em um abraço amoroso. Fique nessa posição enquanto inspira e expira profundamente.

DJED

O pilar Djed simboliza a coluna vertebral e a energia da força vital que ela incorpora. Ele está associado ao deus Ptah. Ele cortou a árvore de Djed para desfrutar de seu doce aroma em seu palácio. Só mais tarde ele descobriu que Asar estava preso dentro da árvore.

Cruze os braços sobre o peito, fechando os punhos com as mãos. Visualize-se envolto em um pilar, como Asar estava. Nessa posição ereta, imagine-se como um canal entre o céu e a terra, unido à consciência divina.

O Djed representa a iluminação espiritual, a firmeza e o Duat, ou reino astral.

APOIO DE CABEÇA

Ajoelhe-se e incline-se para frente. Coloque as mãos uma em cima da outra de modo que os antebraços formem um "V" com os cotovelos. Abaixe a cabeça no chão de modo que suas mãos apoiem o topo da cabeça. Endireite as pernas de modo que seu corpo se mova para cima. Endireite as costas e leve as pernas para cima, dobrando-as na altura do joelho acima do corpo à medida que você encontra o equilíbrio. Por fim, estenda as pernas até a posição de pé, com o corpo totalmente apoiado pelas mãos.

Se você tiver dificuldade em fazer a parada de cabeça sem apoio, faça o exercício de frente para uma parede. Isso permitirá que você use a parede como apoio para firmar seu corpo.

Uma variação desse exercício pode ser feita com as mãos apoiadas no chão, afastadas na largura dos ombros e com os dedos abertos. Coloque a cabeça no chão entre elas, usando as mãos como apoio enquanto se levanta do chão.

Para descer da parada de cabeça, dobre os joelhos e, em seguida, balance as pernas para frente enquanto as estende até que os pés toquem o chão.

BESOURO ESCARAVELHO KHEPRI

Ra Khepri é o sol da manhã que emerge renovado todas as manhãs depois de entrar no Duat como Ra Tem no final do dia anterior. Khepri também é o escaravelho. O escaravelho renova seu corpo todos os anos, enterrando-se na lama quando o rio Nilo transborda. Quando as águas recuam, ele emerge com um novo corpo. Portanto, o Khepri simboliza a capacidade de renovação.

Para assumir a postura Khepri, ajoelhe-se enquanto se senta em seus quadris. Estenda as mãos à sua frente no chão com as palmas voltadas para baixo. Incline-se para frente até que sua testa toque o chão. Mantenha essa postura enquanto reflete sobre a renovação que o besouro-escaravelho experimenta todos os anos. Veja isso aplicado ao seu bem-estar físico, mental e espiritual.

A ioga kemética usa o Sekhem (energia da força vital) na

forma de respiração para ajudá-lo a concentrar a energia universal dentro de você. A meditação inspirada pelas várias posturas ajuda você a ascender à árvore da vida. Isso ocorre quando você reflete sobre os paralelos entre as divindades, a história da criação e sua própria vida. Use essas posturas diariamente para ajudá-lo em sua jornada espiritual. Mesmo que a ioga kemética seja a única prática com a qual você comece, verá que isso preenche vários aspectos dos requisitos do estilo de vida kemético.

POSFÁCIO

Ao chegarmos ao final do livro, desejo-lhe amor e luz em sua jornada espiritual. Você foi equipado com o conhecimento e a percepção para saber quais passos tomar em cada fase futura de seu progresso. Ao prosseguir em sua jornada, oro para que mantenha um espírito de paz, equilíbrio e harmonia. Espero que este livro seja seu companheiro constante nessa jornada, pois você recorrerá a ele com frequência para obter orientação sobre os melhores passos a serem seguidos ao se deparar com diferentes aspectos de sua vida. Lembre-se de levar um senso de Ma'at em todos os aspectos de sua vida. Se for bem-sucedido nisso, saiba que tudo terminará bem para você. Se estiver tendo dificuldades com o senso de equilíbrio, encontre pequenas coisas na vida pelas quais possa ser grato. A gratidão é a chave para a harmonia porque você recebe mais daquilo pelo que é grato. Ao expressar alegria nos pequenos eventos, você perceberá que motivos maiores para ser grato aparecerão em sua vida. Use esse princípio de correspondência para garantir que você viva continuamente em Ma'at.

Ao viver o propósito de sua vida, lembre-se de que precisará de coragem para muitas coisas. Você encontrará oposição e talvez até precise lutar contra aqueles que prejudicariam suas boas intenções. Ao encontrar os personagens de Set em sua jornada, lembre-se de que você pode invocar Asar, Heru e Aset para guiá-lo e inspirá-lo. Além disso, você pode recorrer a outros guias espirituais na forma de seus antepassados ou até mesmo de personalidades famosas que você admirou no passado. Você nunca está realmente sozinho em suas batalhas diárias. Lembre-se disso e peça ajuda de acordo.

O que o ajudará tremendamente é manter uma dieta limpa de acordo com os requisitos de um verdadeiro iniciado. Uma dieta limpa transformará seu corpo em um recipiente eficaz para seu espírito. Isso o torna um alicerce essencial de sua caminhada espiritual. Um corpo saudável que não esteja gastando recursos energéticos em excesso tentando digerir alimentos inacessíveis desviará essa energia para atividades mais espirituais. A construção de sua vida mental e espiritual o beneficiará.

Suas orações, ioga e meditação o ajudarão ainda mais. Elas lhe proporcionarão o foco necessário para atingir suas metas em alinhamento com as leis universais evidenciadas nos princípios herméticos. Mantenha um coração puro e sempre olhe para a bondade da luz.

Uma das últimas coisas que gostaria de compartilhar com vocês é o conhecimento de que sou grato por vocês. Sou grato pela necessidade que você teve de me dar a oportunidade de escrever este livro, pois, ao escrevê-lo, também fui inspirado a embarcar em uma jornada. Uma jornada que exigiu que eu

POSFÁCIO

soubesse mais e me aprofundasse para que pudesse compartilhar informações significativas e práticas com vocês. Isso exigiu que eu revisitasse, explorasse, experimentasse e comprovasse os conceitos mencionados no livro. Como resultado, cheguei a uma consciência maior dos princípios universais e da magia do Kemet, que tem se escondido à vista de todos durante todos esses anos e de várias formas. Essas formas se expressaram por meio da evolução da religião, de lições de sabedoria e da própria natureza. Quando reservamos um tempo para observar a natureza, percebemos que ela está sempre em equilíbrio e que suas necessidades são atendidas sem esforço constante. Há um ritmo na interação entre os vários aspectos da natureza. Quanto mais observamos isso, mais percebemos que cada aspecto da natureza tem um propósito. Ao se alinhar com o Ntr, que você também viva em seu propósito, encontrando interações mutuamente benéficas ao longo do caminho. Vá agora e ilumine os outros à medida que avança. Desejo-lhe boa sorte em sua jornada.

NUT and GEB

GLOSSÁRIO

Ab: Chacra cardíaco, o centro de energia que governa o coração.
Abraâmico: Bíblico. Com Abraão como a figura paterna central.
Acácia: Uma árvore de topo plano com casca áspera e propriedades medicinais. É nativa da África e da Austrália.
Altar: Um local reservado como ponto de encontro entre um indivíduo ou indivíduos e o divino. Um local de adoração.
Amem: Ra, o deus do sol.
Amen-Ra: Ra, o deus do sol.
Amun: Ra, o deus do sol.
Amun-Raa: O deus do sol, Rá.
Ancestrais: Gerações anteriores de sua árvore genealógica.
Ankh: Uma cruz com um laço acima da barra horizontal em vez de uma continuação da haste vertical. Também conhecida como cruz egípcia, representa a vida.
Anpu: Anúbis, o protetor dos túmulos.

GLOSSÁRIO

Anúbis: Deus com cabeça de chacal dos funerais e protetor dos túmulos.

Apep: Apófis, a serpente que tenta consumir Rá enquanto ele atravessa o submundo.

Apolo: O nome que os gregos deram a Heru-Ur ou Hórus.

Apophis: Uma serpente maligna contra a qual Ra precisa lutar todas as noites em sua jornada pelo submundo.

Arat Sekhem: Poder da serpente.

Asar: Ausar, também conhecido como Osíris.

Aset: Auset. Ela devolveu a vida ao marido depois que ele ficou preso em um pilar. Mais tarde, ela recolheu seu corpo desmembrado para um enterro digno.

Astrologia: Estudo da correlação entre os astros e os eventos da vida de uma pessoa. Isso é feito especialmente em relação ao alinhamento celeste no momento do nascimento de uma pessoa, com o rastreamento desses alinhamentos continuando ao longo da vida.

Atef: Uma coroa composta de penas de avestruz encaracoladas adicionadas em ambos os lados da coroa branca de Hedjet.

Atum: Ra-Atum, o sol poente.

Atum-Ra: Ra-Atum, o pôr do sol.

As Tábuas de Esmeralda de Thoth: Tábuas verdes míticas e indestrutíveis inscritas com conhecimento do mundo submerso de Atlântida, escritas por Thoth, o atlante.

Aura: O campo energético de uma pessoa. Ele envolve o corpo como uma camada de luz. A cor do campo energético reflete o estado de emoção da pessoa no momento.

Ausar: O deus da vegetação. Representa a alma eterna. Seu irmão Set o cortou em 14 pedaços para assumir o governo do reino. Sua esposa, Auset, remontou esses pedaços e criou um falo

GLOSSÁRIO

de ouro para substituir seu pênis perdido. Embora ele já estivesse em forma de espírito, seu corpo remontado permitiu que ele entrasse na vida após a morte. A partir daí, ele voltou em forma de espírito para ser pai de seu filho Hórus.

Auset: A deusa da sabedoria e da intuição. Esposa de Asar, que remontou suas peças perdidas. Asar veio até ela em forma de espírito e a engravidou.

Ba: Chakra da Coroa, o centro de energia localizado no topo da cabeça.

Babuíno: os babuínos são os maiores macacos do mundo. Suas características marcantes são o traseiro sem pelos, o focinho longo e sem pelos e a cabeça peluda. Eles são nativos da África e vivem em grupos que podem variar de 10 a 300 indivíduos.

Bastet: A deusa em forma de gato que é a protetora dos lares, afastando os maus espíritos e as doenças.

Budismo: Uma religião originária do norte da Índia cujo objetivo é buscar a iluminação dentro de si mesmo. Eles acreditam que o desenvolvimento espiritual ocorre como resultado de um estilo de vida ético.

Byblos: Uma cidade no atual Líbano.

Cetro: Um bastão ornamental com um formato de bola na parte superior.

Causalidade, princípio de: Refere-se à lei de causa e efeito. Ela afirma que todo efeito tem sua causa e toda causa tem um efeito.

Cabala: Ensinamentos sobre o misticismo judaico.

Chakra: Os centros de energia do corpo. Localizados ao longo da coluna vertebral, são descritos como uma roda de luz giratória. Cada centro de energia é denotado por uma cor diferente.

223

GLOSSÁRIO

Chakra da raiz: O primeiro chakra localizado na base da coluna vertebral.

Chakra Sacral: O segundo chakra. Localizado abaixo do umbigo.

Chakra do coração: O quarto chakra. Localizado no peito.

Chakra da Coroa: O sétimo chakra. Localizado no topo da cabeça.

Chakra do plexo solar: o terceiro chakra, localizado acima do umbigo.

Chakra do Terceiro Olho: O sexto chakra, localizado entre os olhos e as sobrancelhas.

Chakra da garganta: O quinto chakra. Localizado na garganta, no nariz e na tireoide.

Cristianismo: Uma religião abraâmica com Jesus Cristo como figura central.

Correspondência, princípio de: Como é acima, assim é abaixo. Como é dentro, assim é fora. A ideia de que as experiências individuais refletem as experiências universais. Esse conceito é a base do uso da astrologia para obter insights sobre a jornada e o propósito da vida de um indivíduo.

Decans: Doze divisões iguais do ano no calendário Kemetic.

Dendera: Uma cidade localizada a oeste do Nilo, onde o zodíaco de Dendera foi encontrado.

Djed: O djed é um pilar feito da árvore que cresceu a partir do caixão de Ausar quando ele deu à costa. Ausar estava no caixão depois que seu irmão Set o enganou para que entrasse nele antes de jogar o caixão em um rio. O djed representa a espinha dorsal de Ausar.

Djehuti: o deus da lua, da sabedoria, do intelecto, da magia e da palavra escrita. Escreveu as Tábuas de Esmeralda de Thoth.

GLOSSÁRIO

Djehuti: Thoth, o deus da escrita e da inteligência.
Duamutef: O deus que guarda o estômago após a morte.
Duat: O submundo. O lugar para onde Ra vai entre o pôr do sol e o nascer do sol.
Eye of Ra: A equipe de deusas enviada para implementar a lei de Ra na Terra. A equipe é formada por Mut, Het-Heru, Bastet, Tefnut e Nekhbet.
Falcão: Uma ave de rapina rápida e de visão aguçada, capaz de caçar outras aves mergulhando nelas de cima.
Faraó: O nome usado para se referir ao governante do antigo Egito. O equivalente a um rei. **Frascos canópicos:** Quatro frascos que abrigavam o estômago, os intestinos, o fígado e os pulmões e eram enterrados ao lado da múmia na tumba funerária. As tampas desses frascos continham réplicas dos deuses Hapi, Imsety, Duamutef e Qebehsenuef, de acordo com os órgãos do corpo pelos quais cada um desses deuses era responsável. Esses deuses eram chamados coletivamente de filhos de Heru.
Física quântica: O estudo dos menores componentes da matéria física.
Flexitariana: Uma dieta majoritariamente vegetariana com carne consumida com moderação.
Geb: O deus da terra. Irmão gêmeo de Nut, a deusa do céu.
Gênero, princípio de: Tudo tem seus aspectos masculino e feminino.
Hapi: O deus que guarda os pulmões após a morte.
Hathor: A deusa do céu. É a responsável pelas festas e festivais. Ela incentiva a gratidão e a diversão como meio de vida.
Hedjet: A coroa branca em forma de cone do alto Egito.
Heka: O deus da magia.
Henu: Uma postura de louvor e adoração.

GLOSSÁRIO

Hermes Trismegisto: Hermes três vezes ampliado. Outro nome para Thoth.

Hermético: De Hermes Trismegisto.

Heru: Heru foi concebido por meio de uma união divina entre Auset e o espírito de Ausar. Ele governa o coração.

Heru-Ur: Hórus, o ancião. O estado adulto de Heru quando ele foi capaz de lutar com seu tio Set e perdeu seu olho esquerdo no processo. Esse olho esquerdo, uma vez restaurado por Thoth, tornou-se o wedjat - o olho de Hórus. O olho de Hórus também é conhecido como o olho que tudo vê.

Het-Heru: Hathor, a bela deusa das festividades.

Hinduísmo: Uma religião da Índia que segue as escrituras conhecidas como Vedas.

Horemakhet: A Esfinge, um homem com corpo de leão. Representa Hórus no horizonte. É um símbolo do sol da manhã.

Hórus: Heru, o filho de Ausar e Auset, que foi concebido enquanto Ausarr estava em forma de espírito.

Íbis: ave de pernas e bico longos que prefere o clima quente e os pântanos.

Ioga: um método de alongamento do corpo para alinhar os chakras do corpo e tonificar vários músculos. Combinado com a meditação, permite o alinhamento com o divino.

Imsety: O deus que guarda o fígado após a morte.

Iniciados: Aqueles que estão na jornada espiritual e possivelmente a caminho do sacerdócio.

Ísis: Auset, a esposa de Ausar, que o trouxe de volta à vida depois que ele ficou preso em um caixão e o caixão foi jogado em um rio.

Islã: Uma religião abraâmica baseada nos ensinamentos do profeta Muhammad, inscritos no Alcorão.

GLOSSÁRIO

Iusaaset: Avó dos deuses e deusas.
Iusas: Iusaaset, a avó dos seres divinos.
Kemet: A terra negra, o antigo Egito.
Kemética: Do Kemet.
Khab: Chakra da raiz, o centro de energia localizado na base da coluna vertebral.
Khaibit: Chakra Sacral. Localizado abaixo do umbigo.
Khepri: O besouro escaravelho. Ele se enterra na lama do rio Nilo todos os anos antes das enchentes anuais e sai renovado depois que as águas recuam.
O sol nascente também é Khepri ou Ra Khepri, que, tendo entrado no submundo todas as noites, sai renovado como o sol da manhã.
Khu: Chakra do Terceiro Olho, localizado entre as sobrancelhas e os olhos.
Lótus: Uma bela flor que cresce em águas paradas. Também se refere a uma postura de ioga com as pernas cruzadas.
Ma'at: A deusa do equilíbrio e da harmonia que mantém a ordem no mundo. Ela também pesa as almas dos mortos em uma pena para determinar sua aptidão para entrar na vida após a morte.
Meditação: Acalmar a mente e as emoções por meio do uso do foco em um ponto externo ou em aspectos internos do ser, como a respiração.
Mentalismo, princípio de: Esse princípio afirma que o universo é mental devido à consciência suprema que controla tudo, desde o movimento dos planetas até o comportamento dos átomos.
Metu Neter: Os escritos dos deuses, hieróglifos.

GLOSSÁRIO

Mut: Uma parte do Olho de Rá, Mut era a esposa de Amun-Rá e uma deusa-mãe. Às vezes, ela era retratada como um abutre.

Nbth Hotep: Nebethetepet, uma deusa que cocriou o mundo com Ra.

Nebethetepet: A cocriadora feminina divina ao lado de Ra.

Nebthet: Néftis, a irmã de Auset, que se disfarçou como sua irmã e foi engravidada por Ausar.

Nefertem: Hórus como o filho divino da criação. Hórus foi gerado pelo espírito e acredita-se que tenha existido durante o processo de criação e participado dele.

Nehmetawy: Nebethetepet. Ela ajudou Ra a criar o mundo.

Néftis: Irmã de Auset e deusa do ar.

Neter: A força divina da natureza, representada por deuses e deusas que governam os elementos.

Nilo: O Nilo é o maior rio do Egito. Em Kemet, a agricultura se concentrava em torno desse rio, dependendo de sua inundação anual para plantar sementes em solo fértil e obter uma colheita abundante.

Ntr: Neter. Os deuses e deusas da natureza.

Nun: As águas primordiais que cobriam a Terra antes da criação da terra e de todos os seres vivos.

Nut: a deusa do céu noturno e irmã gêmea de Geb, o deus da terra. Ela é retratada estendida sobre a terra com as estrelas pintadas em seu corpo.

Obelisco: Um pilar monolítico com uma pirâmide no topo. Representa a criação e a árvore da vida. Os obeliscos canalizam a energia da atmosfera por meio de sua ponta em forma de pirâmide e a dissipam por sua base. No Kemet, os obeliscos eram geralmente feitos de granito vermelho e colocados em ambos os lados dos templos. As alturas dos obeliscos variam de 3 a 100 pés.

GLOSSÁRIO

Osíris: Ausar, o deus verde da vegetação e marido de Auset, também conhecida como Ísis.
Os assírios: Uma antiga civilização originária da região do atual Iraque, Turquia, Kuwait e Síria. **Os maias:** Uma antiga civilização que existiu na área hoje coberta pelo sul do México, Guatemala e norte de Belize.
Os nativos americanos: Os habitantes da América do Norte antes do século XV.
Pedra de Benben: A parte em forma de pirâmide do obelisco representa a pedra que foi a primeira a surgir das águas de Nun durante o processo de criação.
Paleolítico: Da idade da pedra.
Pescetariana: Uma dieta em que se consome peixe, mas não se consome carne vermelha e aves.
Pet: O plano astral que abriga a imaginação, os sonhos, as ideias, os pensamentos e as emoções.
Polaridade, princípio de: Tudo tem seu oposto. Os opostos são idênticos na natureza, mas diferentes em extremos de medida.
Princípios herméticos: Leis universais escritas por Hermes.
Ptah: O ferreiro divino e o criador de Rá.
Pirâmide: Essa estrutura tem uma base quadrada. Cada lado tem formato triangular e se junta em um único ponto central no topo. As pirâmides são formas poderosas que atraem e concentram a energia cósmica.
Qebehsenuef: O deus que guarda os intestinos após a morte.
Rá: O deus do sol, o criador da Terra e de seus habitantes. Ele viaja pelo céu diariamente, do nascer ao pôr do sol.
Ra-Atum: O sol poente.
Ra-Khepri: O sol nascente.
Re: Ra, o deus do sol.

GLOSSÁRIO

Reiki: Uma técnica de cura energética do Japão que usa as mãos para transmitir energia de cura aos pacientes.

Religião celta: Uma religião com origem no País de Gales que adora os deuses da natureza em lugares como rios e lagos.

Ritmo, princípio de: Tudo sobe e desce; o pêndulo oscila para os dois lados e está em equilíbrio.

Saosis: Iusaaset, avó dos deuses e deusas que ajudaram Rá na criação do mundo.

Satet: Set, tio de Hórus e irmão de Ausar.

Satis: A deusa da inundação anual do rio Nilo.

Sebek: O deus crocodilo.

Selket: A deusa do escorpião.

Sekhem: Energia da força vital usada na cura energética com o uso de hastes cristalizadas para direcionar seu poder às áreas afetadas.

Sekhmet: Uma deusa guerreira com cabeça de leão responsável por trazer a peste para a humanidade como retribuição pela vida ímpia. Ela também é uma deusa curandeira que era adorada pelos sacerdotes e sacerdotisas dos templos de cura.

Set: Deus do caos e da confusão que era irmão de Asar. Ele matou seu irmão para ficar com o trono.

Seth: Set, irmão de Osíris ou Ausar, que tentou matar para governar.

Sistrum: Instrumento musical que é tocado da mesma forma que um pandeiro (sacudindo-o para fazer tilintar os discos anexados). Tem o formato de um U de cabeça para baixo, com as barras para os jingles situadas horizontalmente entre seus dois lados.

Sahu: Chakra do Plexo Solar, localizado acima do umbigo.

Shekem: Chakra da garganta, localizado na garganta e denotado pela cor azul.

GLOSSÁRIO

Smai Tawi: Ioga kemética, baseada em hieróglifos.
Shti: A pose da múmia, imitando a pose do enterro da múmia. Quando os faraós eram enterrados, seus corpos eram preservados com o uso de especiarias, líquidos e temperos. Depois disso, eles eram embrulhados em tecido. O cadáver coberto de tecido é chamado de múmia.
Shu: O deus do ar.
aos vivos.
Ta: O plano material de existência.
Ta-Bitjet: Uma deusa protetora representada como um escorpião com a cabeça de uma mulher.
Toque: Um método de alívio do estresse que usa compressão em pontos meridianos específicos do corpo combinada com reforço verbal positivo.
Tefenet: Tefnut, deusa da umidade e da precipitação.
Tefnut: A deusa da umidade (atmosférica).
Tem Ra: Ra-Atum, o sol poente.
Teologia: O estudo da religião.
Teurgia: Ações consistentes realizadas com o objetivo de alcançar a divindade, assumindo os traços de personalidade dos seres divinos.
Thoth: Djehuti.
Uraeus: A cobra egípcia. Símbolo da autoridade divina, frequentemente encontrado nas coroas dos faraós.
Vegana: Uma dieta baseada em vegetais que exclui produtos de origem animal, como manteiga, ovos e leite.
Vegetariana: Uma dieta baseada em vegetais.
Vibração, princípio de: Tudo vibra. Nada está em repouso.

REFERÊNCIAS

AboutBalance (n.d.). *Sekhem Energy Healing at About Balance*. About Balance. https://www.aboutbalancebrighton.com/sekhem/

Afrikaiswoke (2021). *Ancient Kemet's Dendera Zodiac - The world's first zodiac*. Afrikaiswoke. https://www.afrikaiswoke.com/ancient-kemets-dendera-zodiac-the-worlds-first-zodiac/

Afrikan History (2022). *The Tree Of Life In Ancient Egypt's Metu Neter Explained*. AfrikaIsWoke. https://www.afrikaiswoke.com/the-tree-of-life-in-ancient-egypts-metu-neter-explained/

Ahmed, T. (2022). *God Serket | Facts Ancient Egyptian Gods and Goddesses | God of fertility, nature, animals, medicine, magic*. Hurghada Lovers. https://hurghadalovers.com/god-serket-ancient-egyptian-gods/

Anahana(2022).*Chakra Colors*. Anahana. https://www.anahana.com/en/yoga/chakra-colors

Ancient Egypt Wiki (n.d.). *Osiris*. Ancient Egypt Wiki. https://ancientegypt.fandom.com/wiki/Osiris

Ancient Egyptian Astrology: Find Your Zodiac Sign (2020). Ancient Egyptian Astrology: Find Your Zodiac Sign. Medium. https://medium.com/la-biblioth%C3%A8que/ancient-egyptian-astrology-find-your-zodiac-sign-c29c705d96ac

AncientEgypt. (n.d.). *The 42 Laws And Ideals Of Ma'at*. Egypt Connection. https://www.egyptconnection.com/42-laws-of-maat/

Appling, A. (n.d.). *Ancient Egyptian Religion*. Pinterest. https://pinterest.com/pin/socalled-martial-arts-never-originated-from-china-or-india-like-others-have-claimed-it-originated-in-africa-and-the-pro--442056519644347127/

Ashby, M. (2002). *Kemetic Diet - Ancient African Wisdom For Health of Mind, Body and Spirit*. Sema Institute.

Ashby, M. (2008). *The Kemetic Tree of Life Ancient Egyptian Metaphysics and Cosmology for Higher Consciousness*. Cruzian Mystic Books.

Ashby. A., Ashby, M. (1997). *Egyptian Yoga Movements of the Gods and Goddesses*. Cruzian Mystic Books.

Atkinson, W.W. (1908). *The Kybalion: A Study of the Hermetic Philosophy of Ancient Egypt and Greece*. Yogi Publication Society.

Basubu. (n.d.). *3-Day Egyptian Healing and Meditation Retreat in the Welsh*

REFERÊNCIAS

Countryside. Basubu. https://basubu.com/3-day-egyptian-healing-and-meditation-retreat-in-the-welsh-countryside

Below The Stars. (n.d.). Egyptian Astrology: Egyptian Astrology Signs and Their Meanings. Below The Stars. https://belowthestars.com/egyptian-astrology/

Benninghoven, D. (2022). 4 Potential Ways to Increase the pH Level in Your Body. Livestrong. https://www.livestrong.com/article/225555-safest-way-to-raise-body-ph/

Bernard D., Beitman M.D. (2017). I Ching: Intentional Meaningful Coincidences. Psychology Today. https://www.psychologytoday.com/za/blog/connecting-coincidence/201706/i-ching-intentional-meaningful-coincidences?amp

Blanchard, T. (2021). 11 Things That The Tree of Life Represents. Outofstress. https://www.outofstress.com/what-tree-of-life-represents/

Bondy, D. (2020). The Black History of Yoga: A Short Exploration of Kemetic Yoga. Yoga International. https://yogainternational.com/article/view/the-black-history-of-yoga

Bradley, L. (2019). What Is Epigenetics: Your Mind's Influence Over Your Health. SunWarrior. https://sunwarrior.com/blogs/health-hub/epigenetics

Braga, B. (2021). The African Roots Of Kemetic Yoga And How It's Being Adopted By The Diaspora. Travel Noire. https://travelnoire.com/african-root-kemetic-yoga

Braverman, J. (2022). 5 Ways to Remove Acidity From Your Body Naturally. Livestrong. https://www.livestrong.com/article/34910-rid-much-acid-body-naturally/

Brier, B. (2019). Ancient Egyptian Creation Myths: Of Water and Gods. Wondrium Daily. https://www.wondriumdaily.com/ancient-egyptian-creation-myths-of-water-and-gods/

Brier, B. (2020). The Three Gods of Medicine in Ancient Egypt. Wondrium Daily. https://www.wondriumdaily.com/the-three-gods-of-medicine-in-ancient-egypt/

Burgess, L. (2019). What is a paleo diet? Medical News Today. https://www.medicalnewstoday.com/articles/324405#what-is-a-paleo-diet

Canadian Museum Of History. (n.d.). Shu and Tefnut. Canadian Museum Of History. https://www.historymuseum.ca/cmc/exhibitions/civil/egypt/egcrgs4e.html

Chopra, D. (2004). Synchrodestiny: Harnessing the Infinite Power of Coincidence to Create Miraacles. Rider & Co.

REFERÊNCIAS

Cleopatra Egypt Tours. (2021). *Hathor, the Egyptian goddess*. Cleopatra Egypt Tours. https://www.cleopatraegypttours.com/travel-guide/hathor-the-egyptian-goddess/

Cleveland Clinic. (2021). *How Box Breathing Can Help You Destress - This deep-breathing technique is simple but powerful*. Cleveland Clinic. https://health.clevelandclinic.org/box-breathing-benefits/

Colors Explained. (n.d.). *Chakra Colors: Guide to 7 Chakras & Their Meanings*. Colors Explained. https://www.colorsexplained.com/chakra-colors-and-meanings/

Deif, A. (2008). *The Sirius lore*. Research Gate. https://www.researchgate.net/publication/267447624_The_Sirius_lore

Deprez, G. (2021). *Goddess Isis: Fascinating Facts About The Mother Of All Gods*. The Collector. https://www.thecollector.com/ancient-egyptian-goddess-isis/

Discovery World History. (n.d.). *Egyptian Healing Rods*. Discovery World History. https://discoverywo.blogspot.com/2013/07/egyptian-healing-rods.html?m=1

Dispenza, J. (2021). *Plasma, Matter, and the Projection of Reality: Part II*. Unlimited. https://drjoedispenza.com/blogs/dr-joes-blog/plasma-matter-and-the-projection-of-reality-part-ii

Education for Life Academy. (2009). *World History Timeline*. Education For Life Academy. https://educationforlifeacademy.com/world-history-timeline

Egyptian Healing Rods. (n.d.). *Science Of Pyramids*. Egyptian Healing Rods. https://www.egyptianhealingrods.com/pyramid-research/

Egyptian Healing Rods. (n.d.). *Welcome to - Egyptian Healing Rods*. Egyptian Healing Rods. https://www.egyptianhealingrods.com/

Egyptian Healing Rods. (n.d.). *Russian Research*. Egyptian Healing Rods. https://egyptianhealingrods.me/index_files/EgyptianHealingRodsRussianResearch.htm

Energy Action. (n.d.). *Egyptian Healing Rods – Amplify Your Longevity, Vitality and Intuition*. Energy Action. https://energy4action.com/rods-and-pyramids/

Estrada, J. (2021). *Each of the 7 Chakras Is Associated With a Color—Here's What Each One Means*. Well and Good. https://www.wellandgood.com/chakra-colors-and-meanings/

Fiercely Bright One. (n.d.). *Aset FAQ: Frequently Asked Questions about Aset*. Fiercely Bright One. https://fiercelybrightone.com/rites/faq-of-aset/

Forti, K. J. (2017). *Atlantean Physics Behind Ancient Egyptian Magical Rods*.

REFERÊNCIAS

Trifinity 8. https://trinfinity8.com/magic-physics-behind-ancient-egyptian-rods-of-ptah/

Gugliotta, G. (2008). *The Great Human Migration - Why humans left their African homeland 80,000 years ago to colonize the world*. Smithsonian Magazine. https://www.smithsonianmag.com/history/the-great-human-migration-13561/

Gunnars, K. (2021). *10 Evidence-Based Health Benefits of Intermittent Fasting*. Health Line. https://www.healthline.com/nutrition/10-health-benefits-of-intermittent-fasting

Hansen, N.B. (2022). *Food in Ancient Egypt: What Did the Egyptians Eat?* The Collector. https://www.thecollector.com/food-ancient-egypt/

Hellenic Faith. (n.d.) *Theourgia*. Hellenic Faith. https://hellenicfaith.com/ritual/

Hill, J. (2016). *Shu*. Ancient Egypt Online. https://ancientegyptonline.co.uk/shu/

Hill, J. (2009). *Kyphi*. Ancient Egypt Online https://ancientegyptonline.co.uk/kyphi/

Holland, K. (2022). *What Is an Aura? And 15 Other Questions, Answered*. Health Line. https://www.healthline.com/health/what-is-an-aura#takeaway

Holmes, K. (2006). *Sekhem - A Form of Ancient Egyptian Healing*. Positive Health Online. https://www.positivehealth.com/article/reiki/sekhem-a-form-of-ancient-egyptian-healing

IkariusSpirits Healing. (2022). *Egyptian Tuning Calibration Healing Rods of Maat - Copper & Zinc - Netu Rods for spiritual calibration and orientation*. LinkedIn. https://www.linkedin.com/pulse/egyptian-tuning-calibration-healing-rods-maat-

isidora. (2013). *Isis & the Magic of Myrrh*. Isiopolis. https://isiopolis.com/2013/07/20/isis-the-magic-of-myrrh/

Isidora. (2022). *Of Scorpions, Horus & Isis*. Isiopolis. https://isiopolis.com/2022/01/16/of-scorpions-horus-isis/

Jarus, O. (2022). *Ancient Egypt: History, dynasties, religion and writing*. Live Science. https://www.livescience.com/55578-egyptian-civilization.html

Jayne Leonard, J. (2020). *Seven Ways to do Intermittent Fasting*. Medical News Today. https://www.medicalnewstoday.com/articles/322293#seven-ways-to-do-intermittent-fasting

Journey To Egypt. (n.d.). *Eye of Horus, Eye of Ra*. Journey To Egypt. https://www.journeytoegypt.com/en/blog/eye-of-horus

Kalkhurst, J. (2018) *My Story With Sekhem-Khrem*. Reiki With Jaclyn.

REFERÊNCIAS

https://www.reikiwithjaclyn.com/post/2018/02/22/my-story-with-sekhem-khrem

Kehoe, J. (2011). *Quantum Warrior: The Future of the Mind*. Zoetic.

Kroll, J. (2017). *What Types of Zodiacs Are There Other Than Chinese?* Sciencing. https://sciencing.com/types-zodiacs-there-other-chinese-8457677.html

Landious Travel. (n.d.). *Goddess Tefnut*. Landious Travel. https://landioustravel.com/egypt/egyptian-deities/goddess-tefnut

Landious Travel. (n.d). *Nehmetawy goddess*. Landious Travel. https://landioustravel.com/egypt/egyptian-deities/nehmetawy-goddess/

LandofKam. (2012). *How to Honor Your Ancestors the Kamitic/Kemetic Shaman Way*. LandofKam. https://landofkam.wordpress.com/2012/04/28/how-to-honor-your-ancestors-the-kamitic-shaman-way/

Leonard, J. (2019). *A guide to EFT tapping*. Medical News Today. https://www.medicalnewstoday.com/articles/326434

Lizzy. (2019). *Chakra Colors*. Chakras.info. https://www.chakras.info/chakra-colors/

Mark, J. J. (2017). *Heka*. World History Encyclopedia. https://www.worldhistory.org/Heka/

Mark, J. J. (2016). *Osiris*. World History Encyclopedia. https://www.worldhistory.org/osiris/

Mark, J. J. (2020). *The Five Gifts of Hathor: Gratitude in Ancient Egypt*. World History Encyclopedia. https://www.worldhistory.org/article/58/the-five-gifts-of-hathor-gratitude-in-ancient-egyp/

Mark, J. J. (2016). *Thoth*. World History Encyclopedia. https://www.worldhistory.org/Thoth/

Maté, G., Maté, D. (2022). *The Myth of Normal: Trauma, Illness, and Healing in a Toxic Culture*. Ebury Publishing.

McCammon, E. (2016). *Who Is Bastet? Complete Guide to the Egyptian Cat Goddess*. PrepScholar. https://blog.prepscholar.com/bastet-egyptian-cat-goddess

McCartney, P. (2021). *India's battle against Egypt's Kemetic Yoga*. Medium. https://psdmccartney.medium.com/indias-battle-against-egypt-s-kemetic-yoga-6eca5b114d65

McRae, L. (2019). *Vegan, Vegetarian, Pescatarian, Flexitarian and Macrobiotic Diets – What's the Difference?* North Shore University Health Systems. https://www.northshore.org/healthy-you/vegan-flexitarian-vegetarian-pescatarian-and-macrobiotic-diets--whats-the-difference/

Muhammad, B., Akinyele, P. (2021). *Kemetic (Egyptian) Spirituality: The*

REFERÊNCIAS

Oldest Faith Tradition. Patch. https://patch.com/new-jersey/newarknj/kemetic-egyptian-spirituality-oldest-faith-tradition

New World Encyclopedia. (n.d.). Ishtar. New World Encyclopedia. https://www.newworldencyclopedia.org/entry/ishtar

Newman, T. (2021). Everything you need to know about Reiki. Medical News Today. https://www.medicalnewstoday.com/articles/308772#summary

Nnaco. (2016). Thoth and The Emerald Tablet. Kanaga. http://www.kanaga.tv/mysticism/toth-and-emerald-tablet.html

Nunez, K. (2020). The Benefits of Breath of Fire and How to Do It. Healthline. https://www.healthline.com/health/breath-of-fire-yoga#safety-tips

Odwirafo. (2017). Hedju ne Antiu Wordpress. https://www.odwirafo.com/Hedju_Antiu.pdf

Oxford Reference. (n.d.). Osiris, Killed by Set, Is Resurrected by Isis. Oxford Reference. https://www.oxfordreference.com

Oxford University Press. (2018). Nut. Oxford University Press. https://www.encyclopedia.com/philosophy-and-religion/ancient-religions/ancient-religion/nut-egyptian-goddess

Petre, A. (2018). How to Follow a Raw Vegan Diet: Benefits and Risks. Health Line. https://www.healthline.com/nutrition/raw-vegan-diet#the-diet

Radford, W. (n.d.). Avesa Energy Balancing - Egyptian healing rods and pyramid energy. Radford Holistic Therapies. https://www.radford-holistictherapies.co.uk/avesa_balancing.htm

Realitypathing. (2023). 8 Unique Incense for Ma'at Realitypathing. https://realitypathing.com/8-unique-incense-for-maat/

Regan, S. (2022). Why You Need A Spiritual Bath In Your Life (+ Exactly How To Draw One). MBG Mindfulness. https://www.mindbodygreen.com/articles/spiritual-bath

Religion Wiki. (n.d.). Iusaaset. Religion Wiki. https://religion.fandom.com/wiki/Iusaaset

Rosicrucian Egyptian Museum. (n.d.). Deities in Ancient Egypt - Nephthys. Rosicrucian Egyptian Museum. https://egyptianmuseum.org/deities-nephthys

Rosicrucian Egyptian Museum. (n.d.). Deities in Ancient Egypt - Seth. https://egyptianmuseum.org/deities-seth

San-Aset. (2022). Iusaaset, Goddess of the Tree of Life. IsemSanctuary. https://iseumsanctuary.com/2022/02/14/goddess-of-the-tree-of-life/

Scaccetti, J. (n.d.). The connection between chakra blockages and emotional and physical conditions. Agent Nateur. https://www.agentnateur.com/blogs/agent-tips/p-strong-the-connection-between-chakra-blockages-and-emotional-and-

REFERÊNCIAS

physical-conditions-strong-p-p-p?utm_source=google&utm_medium=paid&utm_campaign=17683018728&utm_content=&utm_term=&gadid=&gclid=EAIaIQobChMIsp2z57bawIVjLHtChorqQTXEAAYAiAAEgKWavD_BwE

Scher, A. B. (n.d.). 7 Ridiculously Simple Tapping Techniques To Unblock Your Chakras. Soul & Spirit. https://www.soulandspiritmagazine.com/13951-2/

Shane Clayton. (2022). The Sacred Temple Incense of Ancient Egypt. Wandering Stars https://www.wandering-stars.net/kepu-temple-incense

Shane Clayton. (2022). The Seven Sacred Oils. Pomegranate Flounder https://pomegranate-flounder-c98k.squarespace.com/the-seven-sacred-oils

Shetty, J. (2020). 20 Days of Live Meditation with Jay Shetty: Day 1. YouTube. https://youtu.be/gxURcDSeRns

Shridhar, G., Rajendra, N., Murigendra, H. (2015). Modern Diet and its Impact on Human Health. Journal of Nutrition & Food Sciences. https://www.longdom.org/open-access/modern-diet-and-its-impact-on-human-health-35026.html

Solarnayoga. (n.d.). The Rods Of The Egyptians. Solarnayoga. https://solarnayoga.info/pdf/Egyptians_Rods_or_Wands_of_Horus.pdf

Sound And Light. (n.d.). 10 Interesting Facts about Hathor; goddess of motherhood. Sound And Light. https://soundandlight.show/en/blog/10-interesting-facts-about-hathor

Stanford Medicine. (n.d.). Anatomy and Function of the Liver. Stanford Medicine. https://www.stanfordchildrens.org/en/topic/default?id=anatomy-and-function-of-the-liver-90-P03069

Stanton, KM. (2022). Tree of Life Meaning, Symbolism, and Mythology. UniGuide. https://www.uniguide.com/tree-of-life

Stuetz, T.T. (2010). Healing Secrets of the Pharaohs-Egyptian Healing Rods. Ezine Articles. https://ezinearticles.com/?Healing-Secrets-of-the-Pharaohs-Egyptian-Healing-Rods&id=4914300

svarthaxan. (2021). Anubis as my spirit guide. Reddit. https://www.reddit.com/r/Kemetic/comments/l1xolf/anubis_as_my_spirit_guide/

Swan Bazaar. (2021). The Four Sons of Horus. Swan Bazaar. https://www.swanbazaar.com/Blog/post/the-four-sons-of-horus

Swan Bazaar. (2021). The Four Sons of Horus. Swan Bazaar. https://www.swanbazaar.com/Blog/post/the-four-sons-of-horus

templeofathena. (2011). Offerings for Anubis Wordpress. https://templeofathena.wordpress.com/2011/02/17/offerings-for-anubis/

REFERÊNCIAS

Tewari, A. (2022). *700 Affirmations to Balance All 7 Chakras. Gratefulness Blog.* Https://blog.gratefulness.me/chakra-affirmations/amp/

The Earth Center. (n.d.). *The Kemetic Meso-American Connection.* The Earth Center. https://www.theearthcenter.org/post/in-search-of-the-gods-the-kemetic-meso-american-connection

The Editors of Encyclopaedia Britannica(n.d.). *11 Egyptian Gods and Goddesses.* Encyclopaedia Britannica. https://www.britannica.com/list/11-egyptian-gods-and-goddesses

The Editors of Encyclopaedia Britannica. (n.d.). *Horus - Egyptian god.* Encyclopaedia Britannica. https://www.britannica.com/topic/Horus

The Gut-Brain Connection: How it Works and The Role of Nutrition. (2020). The Gut-Brain Connection: How it Works and The Role of Nutrition. Health Line. https://www.healthline.com/nutrition/gut-brain-connection#TOC_TITLE_HDR_5

Toliver, A. (n.d.). *Greatest Story Ever Stolen - An exploration of the stolen legacy of Kush, Kemet, and all world religions.* Sutori. https://www.sutori.com/en/story/greatest-story-ever-stolen--UamyoBPaDaVejpn775pZxCrH

Urban Wellness Hub. (n.d.). *Egyptian Sekhem.* Urban Wellness Hub. https://www.urbanwellnesshub.co.uk/egyptian-sekhem

Vampire Rave. (2021). *Egyptian Chakras & Energetics.* Vampire Rave. https://www.vampirerave.com/houses/house_page.php?house=python&page=18012

Vigne, L. (2019). *The 42 ideals of Ma'at.* Kemet Experience. https://www.kemetexperience.com/the-42-ideals-of-maat/

Young, S.P. (2019). *Nine Parts of the Human Soul According to the Ancient Egyptians.* Ancient Origins. https://www.ancient-origins.net/human-origins-religions/ancient-egyptian-soul-0012390

SEU FEEDBACK É VALIOSO!

Gostaríamos de ter a ousadia de pedir um ato de bondade de sua parte. Se você leu e gostou de nosso(s) livro(s), poderia deixar uma avaliação honesta na Amazon ou no Audible? Como um grupo editorial independente, seu feedback significa muito para nós. Lemos todas as resenhas que recebemos e gostaríamos muito de ouvir suas opiniões, pois cada comentário nos ajuda a atendê-lo melhor. Seu feedback também pode impactar outras pessoas em todo o mundo, ajudando-as a descobrir conhecimentos poderosos que podem ser implementados em suas vidas para dar-lhes esperança e autonomia. Desejamos a você capacitação, coragem e sabedoria em sua jornada.

Se você leu ou ouviu algum de nossos livros e gostaria de fazer uma resenha sobre ele, clique na guia "saiba mais" abaixo da foto do livro em nosso site:

https://ascendingvibrations.net/books

Milton Keynes UK
Ingram Content Group UK Ltd.
UKHW031002261124
451618UK00006B/79